東アジアの巨大古墳

上田正昭
白石太一郎
西谷正 ほか

大和書房

東アジアの巨大古墳

［目次］

I

古墳にみる百済の勢力変化

東アジアの巨大古墳

本書は二〇〇六年一一月二八～二九日、大阪府堺市のリーガロイヤルホテル堺で開催された
堺 政令指定都市移行記念『二〇〇六東アジアの巨大古墳シンポジウム』
における講演をもとにした論文と二九日に「東アジア史からみた百舌鳥古墳群の世界的意義」をテーマに行われたパネルディスカッションを収録したものです。

主催：東アジアの巨大古墳シンポジウム実行委員会（堺市　堺市教育委員会　アジア史学会　財団法人堺都市政策研究所）

後援：総務省　外務省　国土交通省　大阪府　大阪府教育委員会　（財）大阪21世紀協会　歴史街道推進協議会　（財）大阪府文化財センター　大阪府立近つ飛鳥博物館　大阪府立弥生文化博物館　関西国際空港株式会社　南海電気鉄道株式会社　泉北高速鉄道　阪堺電気軌道株式会社　南海バス株式会社

協力：高麗美術館　読売新聞社

I

河内王朝と百舌鳥古墳群

上田正昭
アジア史学会会長・京都大学名誉教授

一、百舌鳥古墳群

日本の巨大古墳の中でもっとも注目されるのは、巨大な前方後円墳である。その巨大な前方後円墳中、全長が二八〇メートルを超える前方後円墳は九基ある。その分布は河内国三基・和泉国三基・大和国二基・備中国一基となる。ここで和泉国というのは、天平勝宝九年（天平宝字元年・七五七）の五月に、河内国南部の大鳥郡・和泉郡・日根郡をあらたに和泉国として分立した地域であり、和泉国の地域はもともとは河内国に属していた。し

順位	古墳名	所在	全長（メートル）
1	大山古墳（伝仁徳陵）	和泉	486
2	誉田山古墳（伝応仁陵）	河内	430
3	ミサンザイ古墳（伝履中陵）	和泉	360
4	造山古墳	備中	約350
5	大塚古墳	河内	330
6	見瀬丸山古墳	大和	318
7	渋谷向山古墳（伝景行陵）	大和	310
8	ニサイザイ古墳	和泉	290
9	仲ツ山古墳（伝仲津媛陵）	河内	286
10	箸墓古墳	大和	278
11	五社神古墳（伝神功皇后陵）	大和	275
12	作山古墳	備中	約270
13	ウワナベ古墳	大和	254
14	市庭古墳（伝平城陵）	大和	約250
15	行燈山古墳（伝祟神陵）	大和	240
16	岡ミサンザイ古墳	河内	239
17	室宮山古墳	大和	238
18	メスリ山古墳	大和	230
19	市ノ山古墳（伝允恭陵）	河内	227
19	宝来山古墳（伝垂仁陵）	大和	227

表１　日本の巨大古墳

	工期	延べ作業員（ピーク時１日）	総工費
現代工法	２年６ヵ月	２万9000人（60人）	20億円
古代工法	15年８ヵ月	680万7000人（2000人）	796億円

表２　現代工法と古代工法の比較（大林組推計より）

たがって、河内国（和泉国を含む）の中の分布は六基となり、他の地域よりはるかに多い。この九基の中には、六世紀後半のころと推定されている河内の大塚山古墳や大和の見瀬丸山古墳が含まれているが、その他は五世紀代の古墳と考えられている。

なぜ五世紀代の巨大な前方後円墳が河内に集中しているのか。その点についての私見は後述するが、その巨大古墳の第一位に位置するのが大山《だいせん》古墳（伝仁徳天皇陵）である。大山古墳に代表される百舌鳥《もず》古墳群は、北は北三国ヶ丘町、南は土師町、東は中百舌鳥町、西は石津町まで、四囲およそ約四キロメートルばかりの間に分布する。もと一〇〇基を超える古墳が存在したが、戦後の開発などもあって現在墳丘のある古墳は四六基である。

この大山古墳の東方約一〇・五キロメートルに誉田山《こんだやま》古墳（伝応神天皇陵）が位置し、その誉田山古墳に象徴されるのが、古市古墳群である。その範囲は北に津堂城山古墳、東に市之山古墳、南に白髪山古墳、西に高鷲丸山古墳の東西約二キロメートル、南北約四キロメートルの地域に分布する。もと一五〇基ばかりあったが、現在は約九〇基という。そして、東西に並ぶこの二つの古墳の北辺を長尾街道、南辺を竹内街道が通り、古道が両古墳群をつなぐ形になっている。

この両古墳群は東西一四キロメートル、南北三〇キロメートル（津堂城山古墳は除く）の長方形の区画内にあって、「本来一つの古墳群を形成する予定の地域であった」とみなす注目すべき見解もある。その両古墳群の中でもっとも有力な古墳が大山古墳である。

古代日本の前方後円墳といえば、多くの人々がまず大山古墳（伝仁徳天皇陵）をあげるにちがいない。全長約四八六メートル、平面積四七万平方メートルで、三重の壕をめぐらす大山古墳は、たしかに最大級の前方後円墳である。大山古墳を世界最大の墳墓といい得るかどうかについては、すでに疑問が提起されている（中井正弘『仁徳陵』創元社、一九九二）。たしかに墳丘の長さは秦の始皇帝陵の三五〇メートル、クフ王のピラミッドの二三〇メートルよりは長いが、クフ王のピラミッドの高さは一四六メートル、始皇帝陵の高さは四三メートルあって、その容積や高さは世界最大とはいいがたい。また、大山古墳の全長は誉田山古墳（伝応神天皇陵）の約四三〇メートルより長いが、表面積や総容量では大山古墳よりも誉田山古墳の方が上回るとみなす説もある。

だが、甲子園球場が一二個も入る面積を有し、その築造には古代の工法で、ピーク時一日二〇〇〇人の作業者で延べ六八〇万七〇〇〇人、工期一五年八ヵ月を要すると推計されている大山古墳（大林組「現代技術と古代技術の比較による仁徳天皇陵の建設」、『季刊大林』二〇号、一九八五）が、日本の前方後円墳を代表する最大級の墳墓であったことはたしかである。

こうした百舌鳥古墳群や古市古墳群の中の五世紀代の巨大古墳の存在は、五世紀における倭王権のありようを反映する文化遺産として改めて注目する必要がある。

二、倭朝廷の成立

日本という国号が用いられるようになるのは、七世紀後半からであった。中国の史書にはじめて「日本」の条がみえるのは『旧唐書』だが、『新唐書』東夷伝の日本の条には、咸亨《かんこう》元年（六七〇）に遣唐使（河内直鯨ら）が唐におもむいたことを記して「後稍々《しょうしょう》夏音に習い、倭の名を悪《にく》み、更《あらた》めて日本を号す」と記し、朝鮮の史書『三国史記』（新羅本紀）の文武王十年（六七〇）十二月の条にも、「倭国更めて日本を号す」と述べられている。そして『日本書紀』に引用する高句麗僧の道顕《どうけん》が著した『日本世記』は、その書かれた時期を天武朝とみなすことができるにとどまらず、「正倉院文書」によって『日本書紀』（『日本紀』）以前に『日本書』の存在をたしかめることができるから、「日本」の用例は天武朝にさかのぼる。

そして遅くとも八世紀のはじめに、対外的に「日本」が使用されたことは、「大宝令」（公式令）や大宝二年に入唐した遣唐押使《おおし》（代表）の粟田朝臣真人《あわたあそみまひと》が「日本国使」を称していることなどにも明らかである。

ところで、日本国以前の倭国の段階を「大和王権」とか「大和朝廷」とか称する見解が一般的である。したがって歴史の教科書でもその用語はいまも多く使われている。しかし、その表記は正確にいえば間違っている。なぜなら、まず第一に、国名や地名としての「大和」がわが国の文献に登場するのは「養老令」からであり、実際に「大和」の用字の使用がひろまるのは「養老令」が施行された天平勝宝九年（天平宝字元年・七五七）の五月二十日以後である。したがって「大宝令」が実施されていた時期においては、「大和」は実際に使われておらず、たとえば天平二年（七三〇）の正税帳《しょうぜいちょう》には「大倭国正税帳」としたためられ、「大倭国」の印が押されていた。この「大倭国」は天平九年の十二月十七日に「大養徳国」と改められたが、天平十九年の三月十六日には再び「大倭国」を称することなる。

中国の古文献の『三国志』から『隋書』にかけての記載では、「倭」「倭人」「大倭」「倭国」などの用字が使われており、そのいずれにも「大和」や「大和国」はみえない。わが国の古典でも、たとえば『古事記』や『日本書紀』では「倭国」「大倭」が使われており、「倭日子《やまとひこ》」「倭比売《やまとひめ》」「大倭大神」「大倭直《あたい》」などと記す。

したがって、少なくとも七世紀前半までの王権を「大和王権」、その朝廷を「大和朝廷」、その国家を「大和国家」と表記するのは、厳密には的確とはいえない。そのことについては別に論述したところだが、「朝廷」はどうか。

「朝廷」の語は中国の「外朝」「内廷」に由来する。日本の古典では「朝庭」(「朝廷」)を「ミカド」「マツリコトドコロ」と訓《よ》んでいるが、その内容は①宮中(内廷)、②府中(外朝)、③大王あるいは天皇、④国家、などを意味してそれぞれに使われている。そして『日本書紀』の天武天皇十一年十一月の詔のように、「禁省の中にも、あるひは朝廷の中にも」と、「禁省」すなわち官僚が政治を行う場所(府中・外朝)と天皇の居所、つまり内裏(宮中・内廷)を分けている用例もある。日本の古文献では中国の用例と比較すると、内廷と外朝の区別は必ずしも明確ではなく、あいまいなところがあるけれども、朝廷のなかみは内廷のみで形づくられていたわけではない。
三・四世紀の王権の内容にそくしていえば、王者の内廷は存在しても、官人や政府の組織が未整備であった段階には、外朝とよぶにあたいする内容は具体化していない。五世紀とりわけその後半のころから宮中と府中が顕在化してくる。私がかつて指摘した四世紀の王権を「三輪王権」とよび、五世紀の河内（後の和泉を含む）を基盤とする王権を「河内王朝」とよんだのも（『大和朝廷』角川選書、一九六七）、第一次朝廷の成立を雄略朝を中心とする時期と考えてきたからである。

王朝（ダイナスティ）の用語も、王者を中核とする政治勢力の存在のみで安易に使用するわけにはいかない。官人と政府の組織、徴税のシステム、軍事力・警察力、そして法の内容と交易権・祭祀権・外交権の掌握などを具備する場合を重視する必要がある。私がこれまでの論著で、ヤマト王権、倭王権あるいはヤマト朝廷・倭朝廷などとその内実にそくしての表記を採用してきたのには、それなりの理由があった。

三、河内王朝

「ローマは一日にしてならず」といわれるように、倭朝廷も一挙に確立したわけではない。その前提には三・四世紀の段階があり、そして五・六世紀の展開がある。そのコースも奈良盆地を拠点とする王権が、放射線状に王権を拡大した単系の発展とみなすわけにはいかない。一九六七年一月の『大和朝廷』(角川選書)で、三輪王権から河内王朝への仮説を提起したのも単系王朝論への疑問をいだいていたからである。

神武天皇をはじめとする天皇名は、八世紀後半に称された漢風の諡《おくりな》であって、『古事記』や『日本書紀』では、たとえば神武天皇はカムヤマトイワレヒコ、崇神天皇はミマキイリヒコイニエノミコト、応神天皇はホムタワケと和風の諡で記されている。そして和風の諡が殯《もがり》に献呈されるそのはじめは、安閑天皇の代からであることが指摘されている。諡のならわしは中国や朝鮮にもある。たとえば『後漢書』には興平元年(一九四)の二月、皇妣王氏に靈懐《れいかい》皇后と諡したと述べ、『三国史記』の「高句麗本紀」には、美川王三十二年(三三一)二月に高句麗王の乙弗を美川の原に葬ったので美川王と諡したと記す。

わが国の諡のしきたりも、中国や朝鮮の先例にならったと考えられる。

ところで、和風の諡は、すべて王者の崩後に献じられたものであろうか。その内容を吟味すると、応神天皇から継体天皇までの和風の諡のなかには、諱《いみな》（実名）または諱を語幹にしたと考えられるものがある。この点については別に検討したが（『大王の世紀』小学館、一九七三）、応神（ホムタワケ）、仁徳（オホサザキ）、履中（イザホワケ）、反正（ミズハワケ）、安康（アナホ）、雄略（ワカタケル）、顕宗（ヲケ）、仁賢（オケ）、武烈（ワカササギ）、継体（オホト）などには諱あるいは諱に類すると考えられるものが多い。

ところで応神天皇以前と安閑天皇以降とでは、その和風の諡の名辞が異なっている。たとえば安閑天皇の和風の諡はヒロクニオシタケカナヒであり、宣化天皇はタケヲヒロクニオシタテ、欽明天皇はアメクニオシハルキヒロニハである。それ以前では清寧天皇のシラカノタケヒロクニオシワカヤマトネコヒコのみがクニオシをおびている。このクニオシの諡は、安閑朝以後の殯のおりの諡号献呈にもとづくものであろう。清寧天皇の諡にワカヤマトネコヒコが付いているのは、神武天皇のカムヤマトイワレヒコ、懿徳天皇のオホヤマトヒコスキトモ、孝霊天皇のオホヤマトネコヒコフトニ、孝元天皇のオホヤマトネコヒコクニクル、開化天皇のワカヤマトネコヒコオホヒヒと類似する。こうしたヤマトネコ

代数	漢風諡号	和風諡号（『日本書紀』）	訓み
1	神武	神日本磐余彦	カムヤマトイワレヒコ
2	綏靖	神渟名川耳	カムヌナカワミミ
3	安寧	磯城津彦玉手看	シキツヒコタマテミ
4	懿徳	大日本彦耜友	オホヤマトヒコスキトモ
5	孝昭	観松彦殖稲	ミマツヒコウエシネ
6	孝安	日本足彦国押人	ヤマトタラシヒコクニオシヒト
7	孝霊	大日本根子彦太瓊	オホヤマトネコヒコフトニ
8	孝元	大日本根子彦国牽	オホヤマトネコヒコクニククル
9	開化	稚日本根子彦大日日	ワカヤマトネコヒコオホヒヒ
10	崇神	御間城入彦五十瓊殖	ミマキイリヒコイニエ
11	垂仁	活目入彦五十狭茅	イクメイリヒコイサチ
12	景行	大足彦忍代別	オホタラシヒコオシロワケ
13	成務	稚足彦	ワカタラシヒコ
14	仲哀	足仲彦	タラシナカヒコ
15	応神	誉田別	ホムタワケ
16	仁徳	大鷦鷯	オホサザキ
17	履中	大兄去来穂別	オホエノイザホワケ
18	反正	多遅比瑞歯別	タヂヒノミズハワケ

表3　大王名と諡号

の類は、持統天皇の諡であるオホヤマトネコアメノヒロノヒメ、文武天皇のヤマトネコトヨオホヂと対応する。

ここで注目されるのが、崇神天皇と垂仁天皇の諡である。この場合のみが、ミマキイリヒコイニエ、イクメイリヒコイサチと称されている。崇神・垂仁ばかりではない。その王子・王女の多くがイリヒコ・イリヒメを名乗る（一九例）。それに対して、応神（ホムタワケ）・履中（イザホワケ）・反正（タヂヒノミズハワケ）とワケをおびる。このことに注目して三輪王権をイリ王権、河内王朝をワケ王朝ともよんだのである。三輪王権と河内王朝の間にはこうした和風の諡におけるちがいもあった。

ここで想起されるのが、河内に分布する五世紀代の大きな前方後円墳の分布である。五世紀の巨大古墳が河内に圧倒的に構築されているのを、大和盆地の勢力が河内に進出したという解釈のみで説明することはできない。巨大古墳は政治勢力を誇示するモニュメントであって、大山古墳などは大阪湾上を航行する海外使節などの船上からも見えたにちがいない。このような巨大古墳の築造の場所に、当時の優勢な王権の有力な拠点が存在したと考える方が自然である。

日本神話の代表的なひとつに国生み神話がある。伊邪那岐神《いざなきのかみ》（伊弉諾尊）・伊邪那美神《いざなみのかみ》（伊弉冉尊）による「淤能碁呂嶋《おのごろじま》（磤馭盧嶋）」をはじめとする島生み・国生みの神話がそれである。なぜ日本の島生み・国生み神話が大阪湾上を舞台として具体化をみたのか。この神話の原像は淡路島とその周辺の海人《あま》集団の島生み神話に由来すると考えられるが、それが国生み神話に昇華した時期は、河内王朝の段階がふさわしい。『古事記』と『日本書紀』では、国生み神話の内容も異なっているが、大阪湾上を基点に展開していることは、すでに早く指摘したとおりである（『日本神話』岩波新書、一九七〇）。

さらに補うべき状況がある。大王の宮居伝承は大和に多いが、河内や難波に存在しないわけではない。応神天皇の大隅宮、仁徳天皇の高津宮、反正天皇の丹比柴籬宮《たじひのしばかきのみや》、雄略天皇の志幾宮《しきのみや》、そして顕宗天皇の近飛鳥宮《ちかつあすかのみや》などがある。加うるに五世紀後半のころから倭王権をになう有力氏族の本拠も河内の地域にあった。

こうした状況を前提として河内王朝説の問題を学界に提起した。そしてその背景には五世紀の倭の五王と当時の東アジアとの動向があった。

四、倭の五王と東アジア

私見とは別に提起されている河内王朝説がある。なかでも直木孝次郎氏の「應神王朝論序説」（『難波宮跡の研究』第五、一九六四）、岡田精司氏の「河内大王家の成立」（『日本書紀研究』第三、一九八六）が注目にあたいする。これらの河内王朝説に対しては次のような批判がある。

直木氏の新説である応神天皇と仁徳天皇は同一人物であって、もともと応神天皇と仁徳天皇とは一体であったのが、のちに分化したとみなす考えや、天皇即位の祭儀の一環として行われた難波津を背景とする平安時代の八十島祭《やそじままつり》を重視する岡田説への疑問などには、再検討すべきところがあるけれども、河内王朝論への批判の前提には、四世紀後半から五世紀代には大和と河内の諸勢力は一体化しており、いわゆる「連合政権」ともいうべき政治連合を形成していたとする通説がある。

私もまた大和と河内の諸勢力が明確に対峙したとは考えていない。たとえば王室の系譜によればホムタワケ（応神天皇）は、オホタラシヒコ（景行天皇）の孫にあたるホムタマワカの娘ナカツヒメを娶《めと》って、オホサザキ（仁徳天皇）を生むと伝える。王統譜の伝えにおいては前王朝と断絶してはいない。

にもかかわらずあえて河内王朝論を提起したのは、王権の展開を単系的に発展したとみる見方や考え方に同調できない要素がかなりあったからである。私説への直接の批判ではないが、河内に五世紀の大王陵が多いのは、大王の喪葬に関与した土師氏の本拠が河内の古市にあったことと関係があるとの推論は、改めて吟味するにあたいする。なぜならもしこの説が正しいとすると、五世紀代の巨大古墳の濃厚な分布は、王権の政治的基盤を反映するものではなく、喪葬関係にたずさわった土師氏の本拠が河内にあったのにもとづくことになるからである。

だがはたしてそうであろうか。土師氏が喪葬と深いかかわりをもったことはたしかだが、喪葬ばかりでなく、土器の製作や軍事・外交にもたずさわっている。そして土師氏は「四腹」といわれたように、百舌鳥《もず》・古市の地域のみではなく、大和の菅原・秋篠などにもその本拠地をもっていた。河内における巨大古墳の築造を土師氏の本拠が古市にあったからと断定するわけにはいかない。

物部氏や大伴氏の本拠は大和にあって、河内や摂津にはないとする見解にもただちに従えない。たとえば奈良県天理市布留《ふる》に鎮座する石上《いそのかみ》神宮の祭祀や神宝の管理に、物部氏・大伴氏らが密接なつながりをもっていたことは、これまでにもしばしば論述したところだが、物部氏が河内の渋江郡のあたり、大伴氏が摂津の住吉から河内の南部に勢力を保有していたことは、史料にたしかめられる。ついでながらにいえば中臣《なかとみ》氏も北河内から摂津にかけての地域に有力な本拠があったことは『藤原不比等』（朝日新聞社、一九七六）で指摘した。

私が河内王朝論を唱えた理由は、前述の状況だけにはもとづいていない。五世紀の王権には、四世紀とはかなりおもむきを異にする次のような要素を見出しうるからである。

中国南朝宋の歴史を、斉《せい》の永明年間（四八三〜四九三）に沈約《しんやく》がまとめた『宋書』（夷蛮伝倭国の条）には、永初二年（四二一）から昇明二年（四七八）までの間の一〇回におよぶ倭の五王（讃《さん》・珍《ちん》・済《せい》・興《こう》・武《ぶ》）の遣使朝貢の記事が載っている。この五王の王名は武がワカタケル（雄略天皇）の音訳表記、珍はミズハワケのミズ（瑞）の意訳表記と思われるが、五王をどの王者に比定するかについては、諸説に分かれている。私見では讃を履中、珍を反正、済を允恭、興を安康、武を雄略とする説が妥当ではないかと考えているが（その理由については『上田正昭著作集』第二巻で述べておいたので参照されたい）、いずれにしてもそれらの王者が、五世紀の王であったことにかわりはない。

当時の外交が文書による交渉であったことは、元嘉二年（四二五）の場合には「表を奉り方物を献ず」、ついで元嘉七年のおりには「表して除正せられむことを求め」、昇明二年（四七八）のさいには「表を上《たてまつ》る」の例をみてもわかる。

倭王武のみが上表文による外交を行なったのではない。珍が「倭隋《わずい》ら十三人を平西・征虜《せいりょ》・冠軍《かんぐん》・輔国《ほこく》将軍の号に除正せむことを求」めたように、倭王のもとの有力者も上表していた。それは元嘉二十八年の条に「并《なら》びに上《たてまつ》る所の二十三人を軍郡に除す」と記述しているのにも明らかである。

とりわけ重要なのは、五世紀の東アジアの国際関係における倭王の地位である。永初元年（四二〇）に高句麗王は征東大将軍、百済王は鎮東大将軍にそれぞれ任じられていたのに（新羅は五六五年に北斉に朝貢する）、倭国の王は一ランク下の安東将軍であった。安東大将軍に叙せられたのは昇明二年（四七八）の倭王武が朝貢した時である。しかも高句麗王は大明七年（四六三）に、すでに第一品の開府儀同三司《かいふぎどうさんし》となっていた。したがって倭王武は開府儀同三司を自称し、「その余《よ》も咸《み》な仮授」した旨を明記するのである。「その余も咸な仮授」とは、倭王武のもとにいる有力者に軍号を宋王朝の承認なしに与えたことを意味している。

このことは、稲荷山古墳の鉄剣銘文や江田船山古墳の大刀銘文にはっきりとみえるように、「治天下」の大王を名乗る王者として君臨したのと対応する。そして稲荷山古墳の鉄剣銘文に「杖刀人」、江田船山古墳の大刀銘文に「典曹人」とあるとおり、武・文の官人制も具体化した。

四世紀の王権よりもはるかに強大な権力が構築されていたことを物語るその内実は、王朝とよぶにふさわしい。したがって昇明二年（四七八）から隋王朝への第一回遣隋使（六〇〇）までの間、中国王朝へは遣使朝貢せず、中国王朝を盟主とする冊封《さくほう》体制からの自立化をめざしたのである。その前例は河内王朝にあった。

四世紀の三輪王権と五世紀の河内王朝のひらきは古墳の副葬品のありようにもうかがうことができる。四世紀の場合には鏡・剣・玉のほか武器あるいは生産用具としての鉄製の農工具が多いが、五世紀には鏡類よりも鉄製の武器あるいは馬具、鉄製の農工具がさらに多くなる。つまり軍事的ないろあいが濃厚である。

『古事記』や『日本書紀』に記す池溝などの開発に関する伝承は、応神天皇・仁徳天皇の代にかけて物語るものがかなりある。そのなかには、たとえば『日本書紀』の仁徳天皇十二年十月の条の「大溝を山背《やましろ》の栗隈《くりくまの》県《あがた》に掘る」と、推古天皇十五年是歳冬の条の「大溝を栗隈に掘る」とが類似するように、その記事の信憑性については、疑わしい箇所もあるが、『古事記』の仁徳天皇の条や『日本書紀』仁徳天皇十一年十月条の茨田堤《まんだのつつみ》の築造伝承、あるいは『日本書紀』仁徳天皇十四年是歳の条の「大道」を高津宮の南門から丹比邑《たじひのむら》に至る間につくり、大溝を感玖《こんく》（石川郡紺口郷）に掘るなどの伝えには、無視できない内容をふくむ。

一九九一年からはじまった堺市長曽根《ながそね》町・金岡町にまたがる長曽根遺跡の森村健一氏を中心とする発掘調査で、直線部幅四メートル、深さ一メートル、長さ五〇〇メートルの長曽根大溝が検出された。この大溝は五世紀後半のころにつくられて、八世紀前半のころに埋められたものとみなされているが、五世紀後半の大溝とすれば、長曽根大溝は竹内街道・長尾街道と直交し、百舌鳥《もず》古墳群の要域に築かれた、河内王朝の土木開発のありようを考えるのに、きわめて示唆的である。この大溝の機能については今後の検討をまたねばならぬが、二〇〇二年の一一月からの発掘調査で百舌鳥古墳群乳岡古墳の南の下田遺跡で四世紀代の南北二〇〇メートル以上、東西一〇〇メートルの居住域をもつかなりの規模の集落跡がみつかり、また二〇〇五年の八月に羽曳野市東阪田における四世紀後半の全長約五〇メートルの前方後円墳（庭鳥塚古墳）の発掘調査の成果が発表され、三角縁神獣鏡のほか筒形銅器（二点）が副葬されていたことが明らかになったこともみのがせない。

王墓からみた五世紀の倭王の性格

白石太一郎
奈良大学教授・大阪府立近つ飛鳥博物館館長

一、百舌鳥古墳群の王墓

堺市の旧市街地の東の台地上には、現在仁徳、履中、反正の三代の天皇陵になっている前方後円墳をはじめ、多くの巨大な墳丘をもつ古墳が累々と横たわり、百舌鳥古墳群と呼ばれている（図1）。この古墳群の中で中心的な位置を占めるのが大仙陵古墳（現仁徳天皇陵）である。墳丘の長さが四八六メートルの前方後円墳で、日本列島の数多くの古墳の中でも最大の墳丘規模をもつ。墳丘の周囲には三重の周濠（但し最も外側の濠は本来前方

図１　百舌鳥古墳群古墳分布図

部側のみで全周していなかったらしい）をめぐらし、さらにその外の陪塚群の営まれた外域を含むと約八〇ヘクタールもの広大な墓域をもっている（図2）。

この巨大な古墳は現在宮内庁が仁徳天皇陵として管理しているが、学問的にはその被葬者が仁徳天皇であるかどうかは不明といわざるをえない。最近の古墳の年代研究の進展の結果、古墳時代前期から中期の古墳の暦年代観はやや遡上したが、それでもこの大仙陵古墳は五世紀前半でもそれほど古い段階のものではなく、文献史料から想定されている仁徳の没年よりやや新しい時期のものと考える研究者が多い。

さらに『古事記』『日本書紀』『延喜式』などの史料は、この百舌鳥の地に仁徳とその子の履中・反正の三代の大王墓が営まれたことを伝えている。これと符合するかのように百舌鳥古墳群には、大仙陵古墳、上石津ミサンザイ古墳（現履中天皇陵、墳丘長三六五メートル）、土師ニサンザイ古墳（二八八メートル）の三基の巨大な前方後円墳がある。ただその造営順序は用いられている円筒埴輪の編年研究の成果から、上石津ミサンザイ→大仙陵→土師ニサンザイの順に営まれたと想定されており、大仙陵古墳を百舌鳥に最初に営まれた最初の大王墓、すなわち仁徳陵と考えるのは難しい。

ただ、これらの百舌鳥古墳群の三基の巨大な前方後円墳は、藤井寺市から羽曳野市に展

図2　大仙陵古墳（現仁徳天皇陵）

開する古市古墳群に所在する誉田御廟山古墳（現応神天皇陵、四二〇メートル）や仲ツ山古墳（現仲津姫皇后陵、二八六メートル）などとともに四世紀末葉から五世紀代の日本列島の古墳のなかでは、他と隔絶した墳丘規模をもっており、五世紀頃の倭国王墓であることは疑いなかろう。

二、東アジアの中で

日本列島でこうした巨大な前方後円墳が造営された三世紀後半から六世紀末葉までの時期には、朝鮮半島でも大きな墳丘をもつ古墳が盛んに造営された。ただその墳丘の規模は日本列島のものに比べるとそれほど大きくはない。北方の高句麗で最大の古墳は集安の太王陵と呼ばれるもので、一辺六三メートルの方形の積石塚で周りには一辺三二〇メートルの方形に土塁がめぐらされている。墓域は広大ではあるが、墳丘自体はそれほど大きくない。またピョンヤンの郊外にある江西大墓は七世紀の壁画古墳として有名であるが、これは一辺六〇メートルほどの方墳である。

百済では、四世紀後半の王陵とする説もあるソウルの石村洞3号墳が一辺五〇メートルほどの方形の積石塚である。公州の宋山里古墳群にある六世紀前半の武寧王陵も、墳丘は直径二〇メートルほどの小規模な円墳にすぎない。同時期の日本列島の古墳に比較するとその墳丘規模は著しく小さい。一方新羅では、土積みの円墳やこれを二つ連接させた双円墳が営まれる。新羅の都慶州の皇南大塚は墳丘長約一二〇メートルの五世紀の双円墳で、これが現在のところ朝鮮半島で最大の墳丘規模の古墳である（図3）。このほか、朝鮮半島西南部の全羅南道の栄山江流域やその付近には、いくつか日本の前方後円墳と共通する形態の墳丘をもつ古墳がある。それらのうち最大のものは海南の長鼓山古墳で、五世紀末頃のものと想定され、墳丘長は七七メートルあり朝鮮半島の古墳のなかでは大きなものといえよう。

一方中国大陸では、墳墓の墳丘規模が最も巨大化するのは秦から前漢代のことで、朝鮮半島や日本列島で大規模な古墳が営まれる時期には、薄葬思想の影響もあってかあまり大きな墳丘をもつ古墳はみられなくなる。秦始皇帝陵は一辺約五〇〇メートル、高さ約八〇メートルの方形の巨大な墳丘をもつ。また前漢の皇帝陵は漢長安城から渭水をはさんで北側の地に、武帝の茂陵（一辺一三五メートル）を筆頭にいずれも巨大な方形の墳丘墓が累々と営まれている（図4）。ただ秦・漢代の皇帝陵では、墳丘は広大な陵墓を構成する

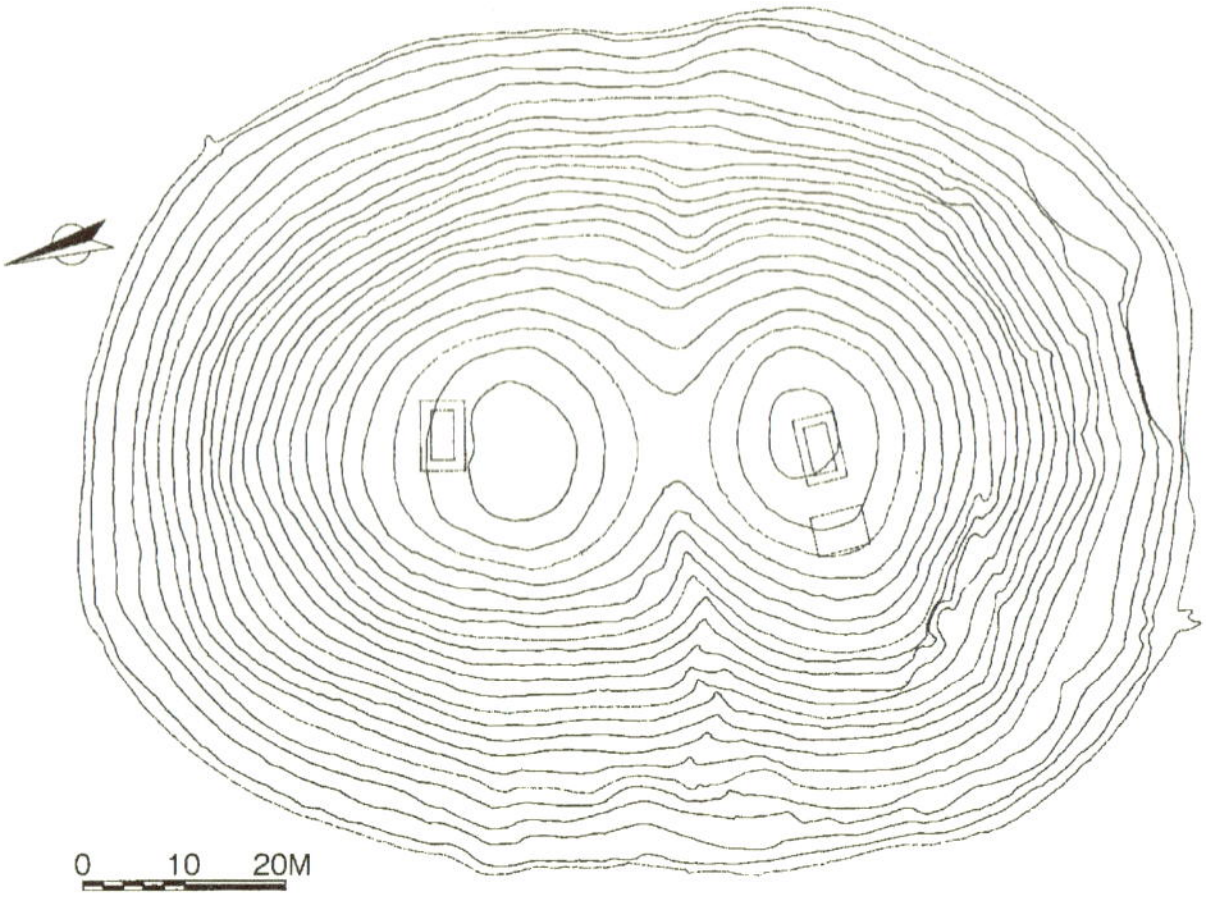

図３　慶州皇南大塚の墳丘

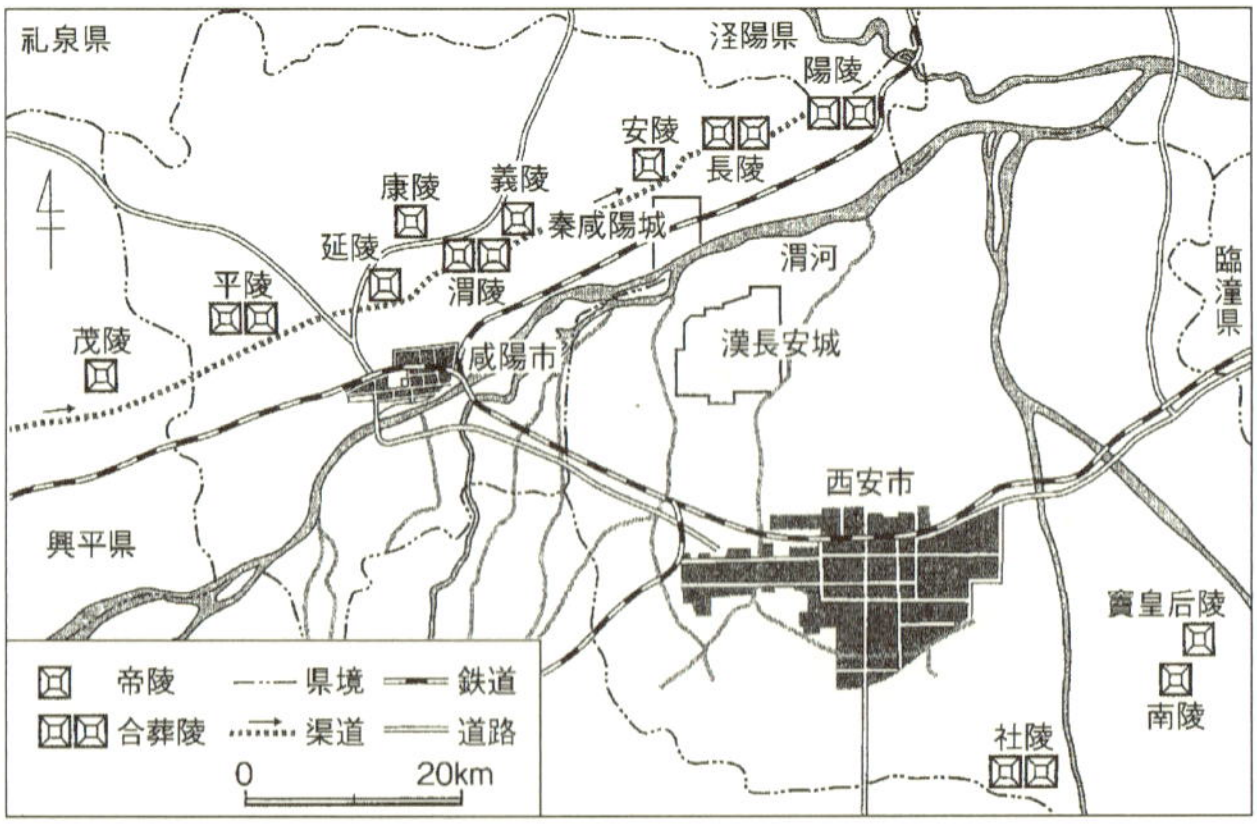

図４　前漢皇帝陵の分布

一つの要素にすぎず、寝殿などの瓦葺きの豪華な建造物群や土築の周垣、さらに陪葬墓群などからなる広大な陵園が形成されている。この点、周濠や外域が付属するとはいえ、あくまでも墳丘が中心となる日本列島の古墳と大きな違いがあることを注意しておかなければならない。

三、古墳からみた五世紀の倭王の性格

このように秦・漢代の中国の皇帝陵を別にしても、日本列島の古墳が異常に大きいことは疑いない。前述のように、現在のところ朝鮮半島で最大の古墳は双円墳である新羅の皇南大塚であるが、その墳丘長一二〇メートルを上回る規模の日本列島の前方後円（方）墳は約二〇〇基ほど存在する。日本列島では、大仙陵古墳の墳丘長四八六メートルを筆頭に、墳丘長三〇〇メートル以上のものが七基、二〇〇メートル以上のものが四〇基、一〇〇メートル級以上になると実に三三〇基もの古墳を数えることができる。

さらに日本列島の古墳のあり方で特徴的なことは、それが単に倭国王の政権が所在した近畿中央部の奈良県や大阪府だけではなく、南九州の宮崎県、中国地方の岡山県、さらに

関東地方の群馬県、東北地方の宮城県などにも墳丘長が一七〇メートルを超えるような巨大な前方後円墳が営まれていることであろう（図5）。この点、巨大な墳丘墓が都の近辺に集中する前漢の帝王陵や新羅の王墓群のあり方との間に大きな相違点を見いだすことができる。

百舌鳥古墳群の巨大前方後円墳の一つ上石津ミサンザイ古墳は、大仙陵古墳、誉田御廟山古墳（現応神天皇陵、墳丘長約四二〇メートル）に次いで日本列島では第三位の墳丘規模をもつが、第四位の岡山県の造山古墳（墳丘長三六〇メートル）は、この上石津ミサンザイ古墳とほぼ同形同大である（図6）。しかも上石津ミサンザイと造山古墳は共に第III段階の円筒埴輪をもち、第IV段階円筒埴輪をもつ大仙陵古墳や誉田御廟山古墳より遡ることは疑いない。したがって五世紀初頭を中心とする時期では、畿内の倭国王墓と想定される上石津ミサンザイ古墳と吉備の造山古墳はほぼ同じ規模をもっていたことになる。

このことは、五世紀段階の倭国王と吉備の大首長の関係が、王に服属する地方豪族といったものではなく、まさに「同盟」という表現がふさわしい関係にあったことを物語っている。巨大な前方後円墳が畿内だけではなく、九州から東北地方に及ぶ各地にみられることも、このことと無関係ではなかろう。さらに日本列島各地の古墳、特に三世紀後半から

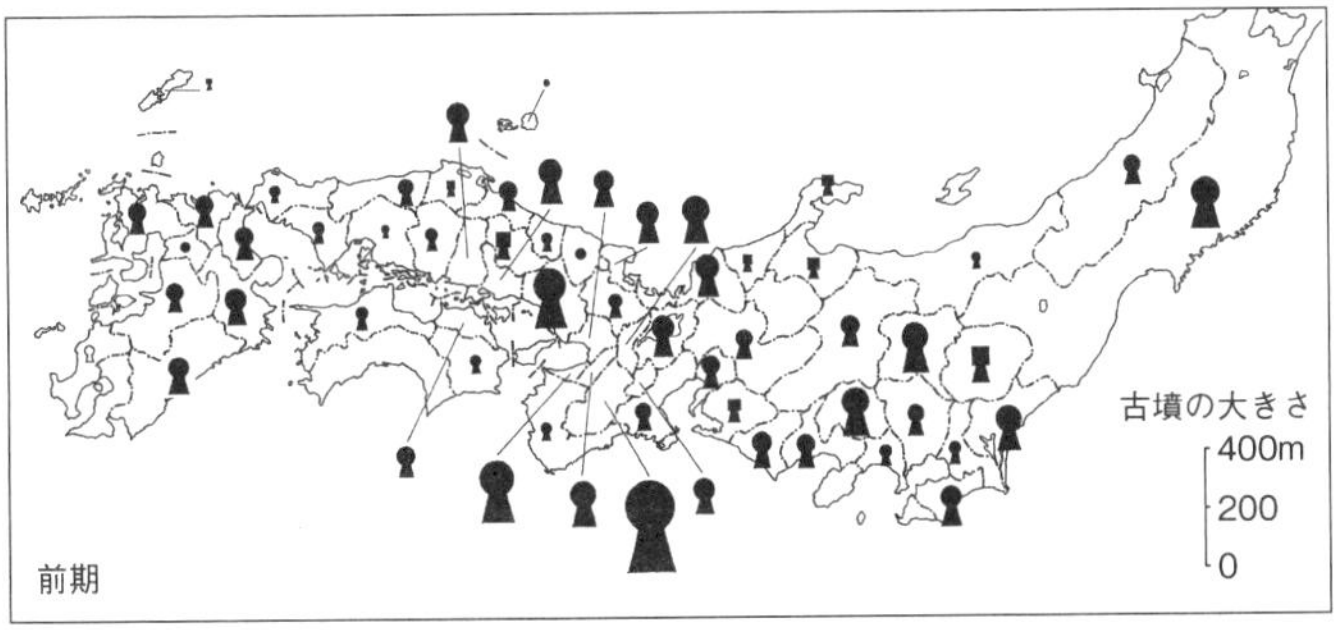

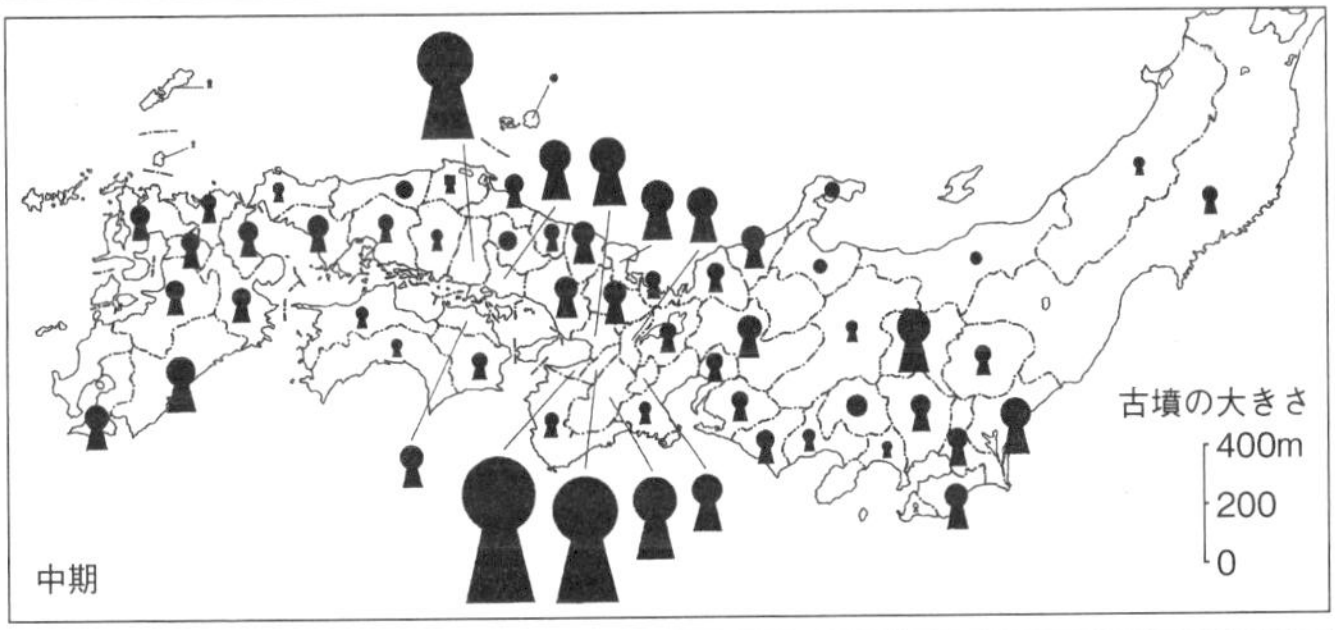

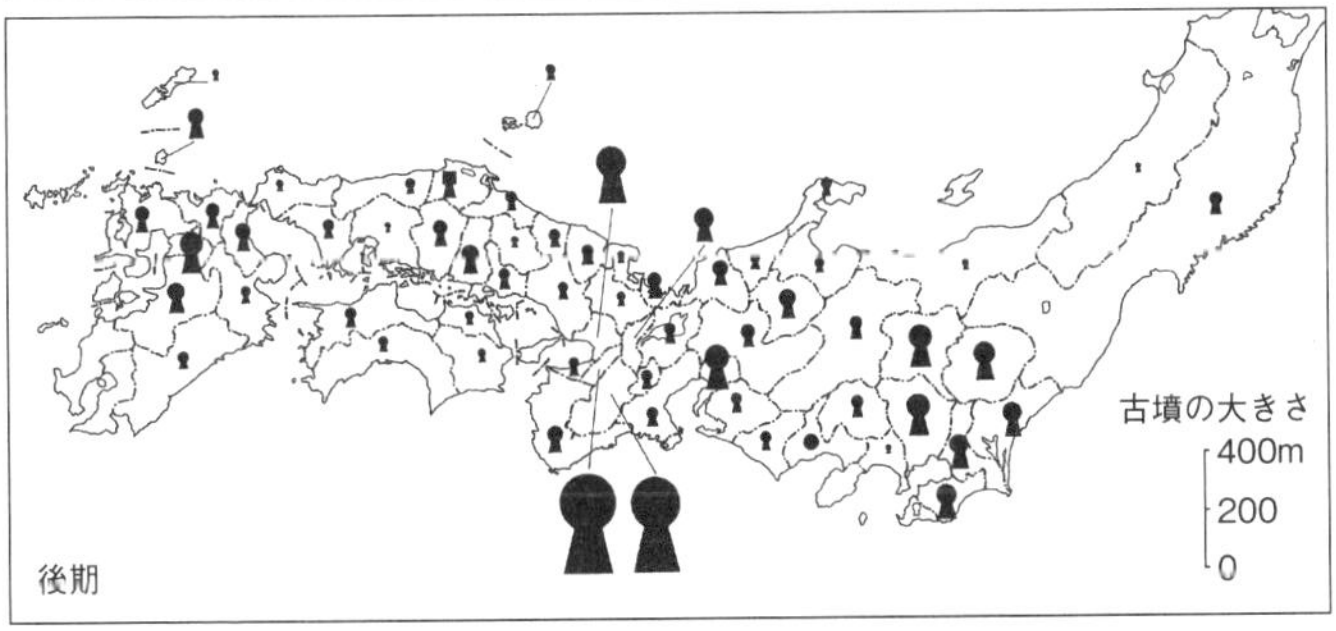

図5　旧国別にみた最大規模の古墳

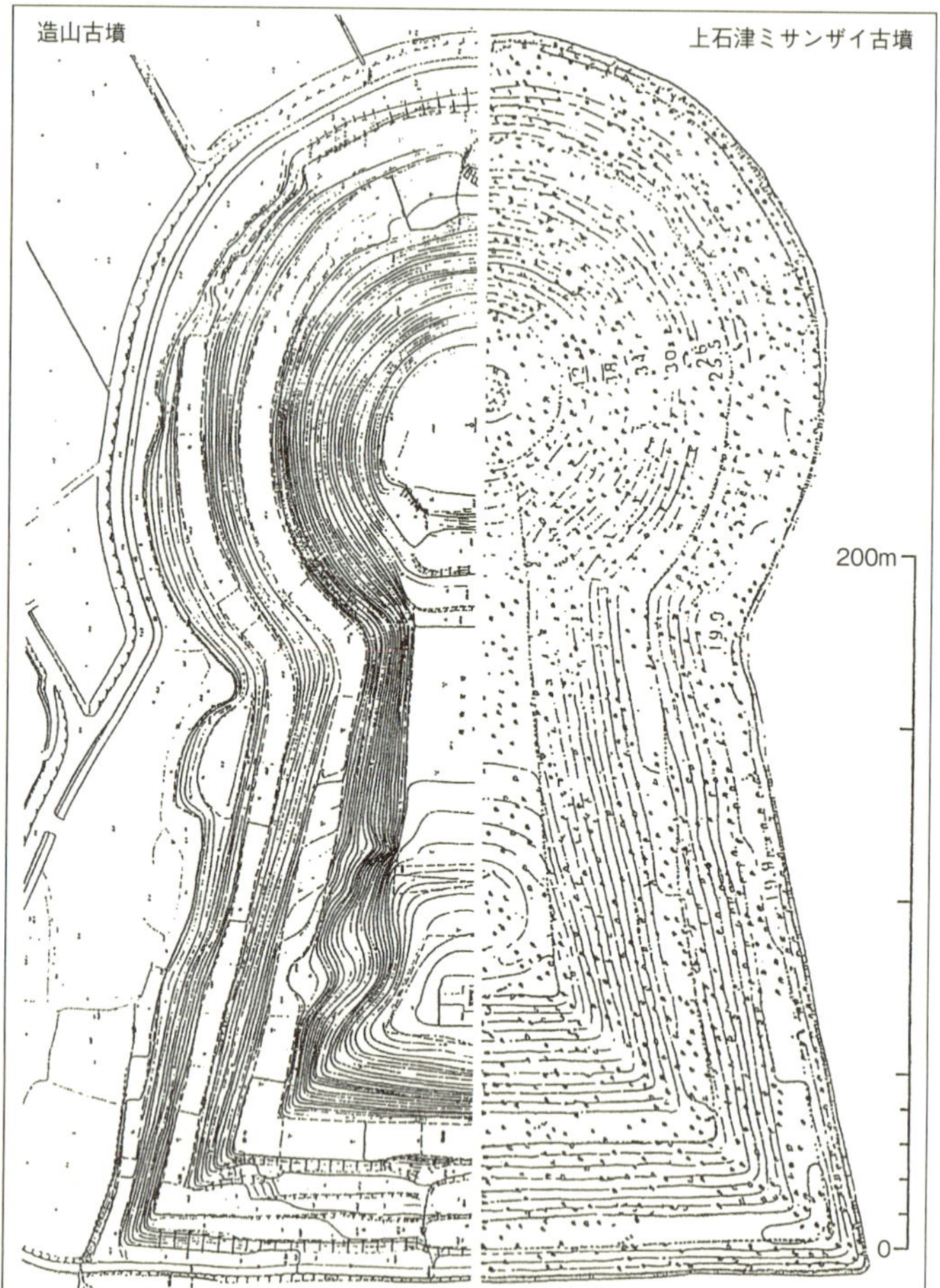

図6　上石津ミサンザイ古墳と造山古墳の比較図

五世紀中葉頃の古墳が、東アジア世界でも異常に巨大な墳丘規模をもつことも、こうした日本列島独自の首長連合の構造や性格と密接に関連するものと思われる。つまり、百舌鳥古墳群や古市古墳群に巨大な前方後円墳を営んだ五世紀の倭国王は、各地の首長たちが形成していた倭国連合の盟主にほかならなかったのである。

こうした日本列島における広域の首長連合としての倭国連合の形成が三世紀初頭頃と想定されることや、その形成の契機についてはすでに何度か論じているのでここでは繰り返さない(『古墳とヤマト政権』文春新書、一九九九年ほか)。ただそうした首長連合の性格や本質が、王墓が最も巨大化する五世紀の前半代になっても、基本的に保持されていることに注目したいのである。

しかし、五世紀後半以降になると畿内以外の地では大型の前方後円墳がみられなくなり、ひとり畿内でのみ大型前方後円墳の造営が続く。倭国王の権力が強大化し、王に服属する地方豪族といった形が古墳のあり方からも伺えるようになる。稲荷山鉄剣や江田船山大刀の銘文にみられるように、倭国王が「治天下大王」を名乗るようになるのもまさにこの時期である。首長連合としての倭国連合とその盟主である倭国王の性格が、五世紀後半を境に大きく変質することにも注意しなければならない。

古代湾岸開発と仁徳天皇陵

水野正好
大阪府文化財センター理事長・奈良大学名誉教授

一、百舌鳥耳原の地はどこか

明治一八年につくられた仮製地図には「自由都市・堺」と言われた堺の面影が見事に描き出されている。しかし、古代にあっては海面はもう少し高く、台地近くまで上昇していたとみられる。仁徳天皇陵が築かれたころは、汀線はより東の百舌鳥台地の裾にまで入り込んでいたと考えられている。大阪湾の縁辺でも海が大きく東側に湾入する百舌鳥台地の上に仁徳天皇陵、つづいて履中・反正天皇陵が築かれたと『古事記』・『日本書紀』は記している。

私たちがこうした天皇の功業や陵墓について知り得るデータはこの『古事記』・『日本書紀』・『延喜式』といった史書からである。そこにはこの三代の天皇陵に「百舌鳥耳原」という陵地の地名が記されている。狭い百舌鳥の地の耳原というきわめて限られた土地に歴代の仁徳・履中・反正三天皇陵が造られているというのである。

では、「百舌鳥耳原」の地はどこなのかが問われるが、百舌鳥台地と呼ばれる地域内の谷々の地形を復元していくと、おのずから耳原の地は仁徳・履中・反正天皇陵が築かれている最も幅広い三天皇陵の所在する台地が耳原であり、谷から南方、東方の地域は耳原とは言えないことがわかる。したがってこの台地上の広い海岸に沿う西丘上に築かれている三基の古墳こそ百舌鳥耳原の天皇陵と呼ばれるに相応しい古墳と考えるのである。

平安時代の書『延喜式』には中央に仁徳天皇陵があり、南に履中天皇陵、北に反正天皇陵があると記されているが、私はこの記事に基づき治定されている三天皇陵は誤っていないと考えている。異なる支丘上の他の古墳をもって天皇陵に当てることは正しくないと考えるのである。

今日の考古学の世界には「天皇陵は天皇の権威の象徴であるから大きくなければならな

い」という先入観念が非常に大きいが、私はそうした考え方には反対の立場をとっている。天皇の治世が長い場合は、生前に大きな陵墓を造ることが可能であるが、突然亡くなられた天皇、在位期間の短い天皇ならば陵墓も小さいであろうと考えているのである。天皇だからといって常に日本一という大きな陵墓を歴代造るという意図は史書からは読み取れないという考えを抱いているのである。

したがって、百舌鳥耳原三陵中、「反正天皇陵は小規模なので反正天皇陵とはいえない。むしろ耳原の地から離れるが東南の支丘にあるミサンザイ古墳を反正天皇陵に当てるほうがよい」というような任意な立論には与しえないのである。私は三天皇陵は、中央の前方後円墳が仁徳天皇陵、南の前方後円墳が履中天皇陵、北の前方後円墳が反正天皇陵とそのまま天皇陵に当ててよいと考えるのである。

この三天皇陵について、もう少し具体的に検討すると、仁徳天皇陵の年代は、仁徳天皇の死去した四二七年以前に当て、履中天皇陵は、四三二年以前に当てたい。しかし問題の反正天皇の死は、四三七年、しかし『日本書紀』は、生前には完成せず陵墓はひきつづいて允恭天皇が造営したと伝えている。仁徳天皇以後の、履中・反正天皇は天皇在位の期間は極めて短い。ただし、履中天皇は仁徳天皇の皇太子であった期間が非常に長く病弱であったことは注意しなければならない。皇太子、天皇という二つのポストに在位した期間はかなり長期であり、その陵墓を皇太子の段階から造り始めたとすれば仁徳陵に近い大きな規模を持ち得るのではないかと考えているのである。しかし反正天皇にはそうした背景はないだけに、小規模となるのは当然のことと考えるのである。

二、仁徳天皇陵の概要

では、三天皇陵の代表、仁徳天皇陵について検討したい。大阪府立近つ飛鳥博物館をつくる際に仁徳天皇陵の復元図と大きな模型がつくられた。仁徳天皇陵は地震の影響もあり、また豊臣秀吉の陣にもなり、大きく傷んでいるが、復元すれば本当に見事な姿であったことがわかる。墳丘の全長はいろいろな数字があるが、長さ四八六メートルとみたい。墳丘は三段に盛り上げられている。特に後円部は三段目が非常に高くつくられていることが大きな特徴である。幅の広い内堀が廻り、その外側に内堤があり、また中堀があり中堤が廻り、外堀があり外堤が廻る。三重の堀・三重の堤で囲まれているわけである。堤の上には平行する二列の円筒埴輪列が並んでいると聞いている。古墳の墳丘の各段上面テラスにも一列の円筒埴輪列が廻り、積み上げた三段にもそれぞれ埴輪列があると考えるのが常識であるから、少なくとも九列の埴輪列が古墳を取り巻いてずらっと並んでいると考えられる。最も高い後円部の頂上にも最終の円筒埴輪列——方形に聖域を囲んだ第十列目の埴輪列が廻っていると考えられる。『全堺詳志』には、この後円部の中心に大きな石棺があると書かれている。石棺については「御廟ハ北峯ニアリ。石ノ唐櫃アリ。石ノ蓋長サ一丈五寸。幅ハ五尺五寸。厚凡八寸。」と極めて具体的に記されている。「仁徳天皇の埋葬施設は北の峰(前方後円墳の後円部頂部)にあり。巨大な石棺、蓋石は長さ三・一五メートル、幅は一・六五メートル、厚さ〇・二四メートルである」と具体的に寸法が書き留められているのである。

仁徳天皇陵の後円部頂上に露出している石棺の大きさを伝える記事であるが、この石棺の大きさは大阪府藤井寺市・津堂城山古墳の後円部中央の「長持形石棺」の規模とほぼ一致する。津堂城山古墳の被葬者は、実は仁徳天皇の祖父に当たる仲哀天皇の陵墓であろうと私は考えている。仁徳天皇陵は江戸時代には市民に開放されていたから、『全堺詳志』の著者・高志慈観さんや一般の市民はこの石棺をみることができたのである。

墳丘の前方部下段正面東寄りの地では、明治初年堺を襲った台風が木を倒し、その根元から空洞があらわれ、竪穴式石室の存在が判明、その石室中には長持形石棺があり、その石棺の周囲からガラス皿、塗金した甲冑や武器などが発見された。またその後、宮内庁の内部踏査で「造出し部」で風倒木の根にまかれたすばらしい須恵器の大甕を発見し、「造出し部」でのまつりの姿が知られた。

後円部頂部の長持形石棺や「造出し部」の須恵器は、仁徳天皇死去の四二七年に相応しい石棺の形・土器の形であり、この古墳の年代に相応しい時期を示している。本古墳を仁徳天皇陵に当てるに適合する資料といえるであろう。また前方部の石室と長持形石棺は、仁徳天皇死去後の追葬者の施設と考えられるであろう。

この仁徳天皇陵については、いま一つの視点から大切な研究調査があった。大林組による本古墳築造工事の検討である。「一日に二〇〇〇人の人を使う場合、造営の期間は一五年八ヵ月という年月が必要。延べ六八〇万人の人が働いてはじめてこの古墳が造られる」というのが検討成果であった。膨大過ぎる数字ではないかとする見解もあるものの、大林組は土木工事の権威的な会社であり、その会社が一生懸命検討した数字であるから、私はこの数字を信じてよいのではないかと思う。ただ、この数字には外濠・外堤の存在は計算に入っていない。三重堀は後世の施設ではないかとする見解があるからである。しかし近世の史料や絵図には三重目の堀が描かれていることがその後知られたので、私はこの数字をまだ上回る動員数になると考えている。また、大林組は本古墳に廻る埴輪数を計算して五万本としている。外堤や後円部中央の方形の埴輪列の存在を推察すると、その数量はより大きな数字となることは必定である。このように本古墳が想像を絶する大きな規模で築造された背景には、やはり仁徳天皇が最も相応しい人物であろうと考えるのである。

この仁徳天皇陵古墳の墳丘全長は四八六（別に四七五）メートル、三重堀の外濠のめぐる範囲は東西六五〇メートル、南北八五〇メートルを測るとされる。『延喜式』によれば仁徳天皇陵の陵域は八町（八六五メートル）四方と記載されているから、周囲の陪塚を含む範囲が一種の陵園に近い形で取り込まれ、その内部に陵墓を維持していく陵戸と呼ばれる人たちの施設があったのではないかと考えられる。仁徳天皇陵などの古墳の墳丘表面は葺石で覆われている。雑草を防ぎ、崩壊から墳丘を護るための舗設であろう。陵墓の維持に陵戸が置かれる制度は、天皇家の力が弱くなった『延喜式』の時代であっても、「陵戸・五烟」と定められている。日本の陵墓は陵戸を置いて維持を図っているが、その陵戸が保護維持する領域・範囲は八町四方であったと思われる。

三、天皇陵築造の歴史的背景

このような大きな天皇陵が築かれてゆく背景にはどういった力が働いているのであろうか。仁徳、履中、反正天皇の三天皇について検討してみよう。仲哀天皇と神功皇后の間に応神天皇が生まれ、応神天皇は品陀真若王の娘品陀仲姫を皇后として仁徳天皇が生まれ、仁徳天皇は葛城氏の磐之媛を皇后とし、その間に履中、反正、允恭天皇の三兄弟が生まれたと『古事記』・『日本書紀』は記している。

まず問題になるのは、応神天皇の背景には皇后品陀仲姫を出した品陀氏という王家がある。応神天皇陵の所在地は羽曳野市誉田である。現在はコンダと呼ぶが、本来はホムダである。品陀＝誉田であり、応神天皇陵墓の地――品陀は王家の領有する地であることがわかる。応神天皇は皇后の出身氏族――品陀王家の土地を得て陵墓を築造しているといえるであろう。この事例からすると天皇は皇后領、乃至は皇后の出身氏族の氏地に陵墓を築くという慣行が存在したといえるのではないかと考えるのである。

天皇はその陵墓築造の地をいかなる基準で定めるのかを問う論考は未だにみない。なぜその地を選んだのか、その基準については考古学者では適切な回答を用意していないというのが現状である。私は皇后領、乃至はその出身の氏地をもって宛てるという基準――慣行があったのではないかと説いている。応神天皇の場合は皇后が品陀王家から出た女性であり、したがってホムダの地に陵墓を築いている一例であり、皇后が陵地を天皇に提供し、天皇はその地に陵墓を築造している好適な事例となるのである。

仁徳天皇の父、応神天皇の陵墓も巨大な前方後円墳である。土量については仁徳天皇陵を凌駕すると言われている。『日本書紀』によれば、応神天皇の治世は四一年間、仁徳天皇の治世は八七年間と共に極めて長い治世期間が用意され、生前から仁徳天皇陵と同様の経緯、生前の長期にわたる造墓期間のあったことが、読みとれるのである。巨大な古墳は日本最大の仁徳天皇陵だけではなく、第二位、第三位の規模を誇る応神・履中天皇陵を含んで表現する言葉である。

では、応神・仁徳・履中天皇陵はなぜこのように巨大な古墳になっていったのか、問われねばならないだろう。陵墓の巨大化の背景は前代の神功皇后に求められると考える。応神天皇の父は仲哀天皇、母は神功皇后である。二人は南九州進攻の目的で軍勢を出し、博多香椎宮で、天皇は神託を得て、進軍するべく奉斎したところ、住吉三神が南九州進攻に代わり朝鮮半島――新羅進攻を託宣、託宣に従わなかった仲哀天皇は急死したとされる。残された神功皇后は、内臣の武内宿禰と共に新羅進攻に踏み切り勝利する。以後、武内宿禰は終始一貫、皇后を支え、その王統を守り、応神天皇に皇位を伝えたという。

神功皇后と武内宿禰が果たした大きな役割は、日本が朝鮮半島とのかかわりを強く持つようになる契機をつくったことにある。新羅進攻以降、日本は朝鮮半島との関係が非常に密接となり、新羅・百済・高句麗との交流が深くなっていく。神功皇后の時代、日本は朝鮮半島に大きな外交上の足跡を残し、戦いに強い日本への認識を生み出したのである。百済支援、新羅抑制の大きな軍事外交戦が始まるのである。

こうした交流を表現するものとして、考古学的には石上神宮に伝わる七支刀がある。七支刀には「泰和四（三六九）年」の記年銘がみられる。仲哀天皇・神功皇后の時期に当たり、この時期、百済からもたらされた刀であることが明記されている。また天皇家には「護身剣」と「破敵剣」という見事な剣があり、その剣の一つには三六〇年の記年銘があった。この二刀も銘文からみて日本と朝鮮半島―百済との交流を語る極めて大切なシンボルともいえる刀である。

仲哀天皇・神功皇后が果たした役割は、この三点の刀剣からも理解されるように、高句麗・新羅・百済との非常に大きな、深いつながりをもって開始された点に特色がある。ただ、軍征の途次死去した仲哀天皇は、にわかに亡くなられ、その後の軍征もあって造墓期間は極めて短く、その陵墓（津堂城山古墳）は小規模である。墳丘は二〇八メートルと小さいが、浅い二重堀を掘りめぐらし、広い内・外堤を造って、その墓域を非常に広くみせるよう配慮している。土量は少なくとも、規模雄大な古墳にみえるよう築造しているのである。時期も治世と一致しており、見事な一六個の方格を刳る蓋石をもつ長持形石棺、後の仁徳天皇陵の長持形石棺が範にするすばらしい石棺である。「仲哀天皇陵」として、神功皇后が志紀の氏地に造った天皇陵と考えられるのである。

神功皇后の新羅進攻をうけて、日本には膨大な量の朝鮮半島の文物が送られるようになる。日本のあらゆる分野に大きな革新の風を送り込む新しい風であった。もたらされた文物の中でもっとも大切なのは鉄である。鉄は、谷那鉄山の鉄や朝鮮半島で造られた膨大な鉄鋌が連年続々と日本に運び込まれるのである。こうして日本に「鉄の文化」が一気に花開くのである。

「鉄の文化花開く」、これは何気ない表現ではあるが、極めて重要な表現である。たとえば軍事面でみると、鉄製の小札を編綴した甲冑の登場によって軍装や軍事編成が一変する。

軍を率いる将軍や士官に甲冑を着けさせ、刀剣を佩用させる、そういった軍事力の基盤は対高句麗作戦にとって緊急の対応であったと考えられる。そうした事態に応えたのが鉄であったことはいうまでもない。鉄の導入によって急遽生まれた日本の武装―刀剣や甲冑の量は恐らく朝鮮半島諸国を遥かに凌駕する量であった。日本は急速な朝鮮半島の鉄の所得により、急速に軍備を整備することができたのである。国政の統治、国外諸国の抑制のためにも鉄による整備はこの時期の重要な政策となっていったのである。

こうした流れを象徴するのが応神天皇陵の陪塚から出てきた膨大な鉄器群である。大阪府立近つ飛鳥博物館へ行くと、その発見情況を見事に物語る展示品がある。大きな木櫃の中に大量の刀剣を納め、矢を束ね納めた矢筒が納められている。こうした鉄器の膨大な埋蔵は、畿内・畿外各地の皇子墓などにもみられる現象である。

一方この時期にみられる文物には鉄製の刃先をつけた鍬・鋤・鎌などの農具・工具がある。そうした用具は刃先に鉄板材を取り付ける形に変わっていく。従前の農具は大半が樫材を使用しているが、材が木であるだけに消耗度が激しく、鋭利さを欠く農具であったが、その刃先に鉄材を着装することによって農具の世界は一変してしまうのである。掘りやすく消耗度の少ない鉄の刃先をつけた農耕具は一挙に水田面積を広げ、畑を広げる、幅広い直線の大道を造る、河川改修や修堤、築堤に、また陵墓造営にと、あらゆる面において鉄の刃先をつけた農耕具がダイナミックに活き始めるのである。こうした活気溢れる情況が応神・仁徳天皇の時代の日本の姿である。

応神天皇の時代はこのように大量の鉄材が朝鮮半島からもたらされ、日本を覆うのであるが、その鉄は、広く日本に浸透する。自由流通させるのではなく、天皇や政府——朝廷が一括管理する形で掌握しているのである。もちろん各地の機関や政治に携わる人々に分配する形もみられたであろう。このように鉄材は日本各地の開発の進展に大きく貢献するが、その最も大きな政策は、この時代から始まる応神・仁徳天皇の「大阪湾岸開発事業」であったと私は考えている。

この変革を違う形で読まれたのは江上波夫先生である。江上先生は騎馬民族が日本に渡来し国家を建設したと説かれたが、私は、民族はやって来ていない、と考えている。そうした記録はなく、その反映とみられる現象も存在しない。たしかに騎馬の「風習」はこの時期に日本に伝えられた。それは事実である。これは朝鮮半島とのかかわりで得た大きな慣習である。神功皇后や応神天皇が朝鮮半島に進攻した際にみた高句麗や新羅の軍政・軍事構造は日本に強烈な影響を与えたものと考えられる。諸国の騎馬の慣習の受容は日本の軍事力、交通体系のあるべき姿に大きな役割を果たしたのである。

『三国志』魏志倭人伝には、倭国（日本）には「牛馬なし」と記されている。神功皇后・応神天皇の時代、こうした日本に牛馬がもたらされると、一気に日本は牛馬溢れる国に変化していくのである。河内湾の一画、東大阪市の「母樹」の地や四条畷市の「蔀屋」などの地に馬飼の牧場が生まれ、多くの馬の飼育が始まる。やがてそうした牛馬は群馬県、山梨県など諸国の牧に運ばれ飼育され、やがて成馬、良馬として大和朝廷に還流してくるのである。このようにして瞬く間に牛馬は日本の国勢を大きく動かす力となっていったのである。

当時、日本の馬は美しい馬具で飾られ、金色に輝き、時には鈴が音色を響かせた。牛馬のいなかった日本ではなによりもこの舶来の馬に大きな憧れを抱き、馬への特別な想いを持った。もたらされた馬は足が速く、高い鞍に乗る貴人は人を見下ろし、一般の人は見上げる。馬は階層差とも結びついて一層流行っていくのである。そういう意味では、武器や工具、農具や牛馬を中心に朝鮮半島の技術が、渡来した技術者の手で大きく日本で展開し開花していく時代が応神・仁徳天皇朝であったといえるのであろう。この時期は大変な時期であったといえるであろう。アジア文明の積極的な受け入れによって、国を動かしたのである。

四、仁徳天皇の時代の湾岸開発と整備

ここで話を戻し、応神、仁徳天皇はこうした大きな変化のエネルギーを如何なる分野に注いだのか考えてみよう。当時の近畿地方の最大の交通路は河内湾の交通網である。当時の河内潟（河内海）は瀬戸内海航路で難波津から東へ入りこむ波の静かな穏やかな海であったと思われる。近畿日本鉄道の鶴橋駅から瓢箪山駅までの間が入り海となり、この海には恩智川や玉串川など多くの河川が流入するが、その中心となる河川は大和川であった。

大和川と多くの流路が注ぐこの河内海の南縁・河口には、弥生時代から古墳時代前期にわたる大規模な集落遺跡が集中しており、こうした集落が港として息づいた集落であることがわかる。若江、菱江、豊浦、日下江（草香江）など数多くの港の名が残されている。河内の海に流入する河口に所在し、河内を代表する港であったといえる。難波津に着く船は河内海の港津をへて川津を利用して大和川で大和国へ入り、倭国女王卑弥呼の都、天理市の「大和郷」、あるいは三輪山の山裾にある崇神天皇の都・磯城瑞籬宮へ着くのである。その水路には多くの川津がつくられ、当然、船を曳く人たちが配置されている。川沿いに

ほぼ二キロ間隔で並ぶ津集落が相互に連絡を取りつつ都へと進むのである。そうした弥生・古墳時代前期の集落がにぎやかにこの地域に集中していたのである。しかしこの河内の海は淀川・大和川などの河川が運ぶ土砂の堆積でしだいに浅くなり、流れてくる流木や廃棄物ともあわせて、海運上の多くの悩みを生み出していく。

応神・仁徳天皇の時代はこうした問題に直面し、新たな対応政策がとられることになる時代である。この時期、茨田堤を造るなどいろいろな改修策が考えられていく一方、大阪湾岸の港津の整備がはかられていくのである。上町台地の北端に所在する難波津をはじめ、応神天皇の大隅宮に対応する高津、仁徳天皇の高津宮に対応する新津、住吉三神を祀る住吉大社所在地の住之江、仁徳大皇陵造営地の堺大津、・石津・泉大津、紀ノ川口の紀伊徳勒津、その間に設けられる脇港津の数々が整備の対象となっている。こうした港は海上口「澪つくし」をたて常に海底下の砂脈を削平しつつ通運を維持する極めて困難な港津であった。百舌鳥三陵の葺石などを荷揚げする港——石津の賑わいもこの時期は極めて大きな役割を果たしたものと考えられる。

しかし一方では船舶に代わるいま一つの交通体系が考えられている。「大道」がそれである。いま上町台地には「大道」という地名が点々と残されている。この難波大道は古川重春氏が存在を指摘し、山根徳太郎先生がその存在を確定された「大道」であり、幅員一八メートル、上町台地を南北に縦貫する直線道路である。その道路上には応神・仁徳天皇の皇居、大隅・高津宮をはじめ、孝徳・聖武天皇の難波長柄豊埼宮《なにわながらのとよさきのみや》・難波宮が営まれている。この難波大道に直行し、西に縦走する大道の存在もまた所在する。高津・大隅宮から出る二道をはじめ住吉津から出る磯歯津道、堺大津から出る大津道・丹比道がそれである。おそらく仁徳・応神天皇の時代に大きく整備された大道であろう。

神功皇后、応神・仁徳天皇の段階で日本に渡来した技術者たちが最初に政策的に配置された地は葛城山の東と西、奈良県南葛城郡と大阪府南河内郡である。さらに応神天皇の時代には渡来の知識人は、船・文・蔵・馬氏として編成され、大阪府南河内郡の北部、藤井寺・羽曳野市域に集中して配置されていく。

このような優れた技能、知識を持つ渡来系の人たちは葛城氏や息長氏の管理庇護のもとにおかれた。葛城の忍海の地に配置された鍛冶人は朝鮮半島から運ばれてくる膨大な量の鉄材を加工して鍬や鋤の刃先や、鉄製の甲冑を作り、刀剣を作るなど大活躍する。また桑原の地におかれた人たちは恐らく桑を育て養蚕にいそしむ。笛吹の地に配置された人々は韓国風の音楽を奏で、楽器を作り、彼の地の楽譜を伝え、演奏し、錦織の地に配置された人々は錦を織り、貴紳を飾るのである。

　このように初期の優れた技術者たちは葛城山の東西に配置されたが、その人たちの力は葛城氏を支える最大のエネルギーとなった。このような人々が、葛城氏の一族である蘇我氏と仏教を中心に同心していくが、古くは葛城氏が新しく渡来したこうした人々をまとめ、統括し、この時代の日本の技術振興の根元となっていくのである。

　神功皇后に始まり、応神・仁徳天皇に至る時代は、日本はまさに新しい思想、新しい技術を取り入れて面目一新、大きく開発に舵をとり、国土の整備、完成に取り組む時代であり、前代とは異なる政策が登場した時代であった。あたかも第二次大戦後に迎えたバブル期にも似た活気溢れる時代であり、一方では公害などの疲弊をも生んでいく時代であったといえるであろう。

　天皇が取り組んだ大道や河川港津、湾岸港津の整備によって、河川と大道の交差する地は「巷—ちまた」となり、人々や牛馬がはげしく往還し、厩屋や駅家の設置、市の配置される地となっていくのである。道々は騎馬する武人・文人、伝馬に跨がる官人、また重荷を牽く牛の姿がみられるようになり、交通体系は大きく変化していった。こうした天皇の政策をたすけたのは葛城氏である。葛城氏の祖—武内宿禰や葛城襲津彦が天皇を補佐しつつ積極的にこうした道を開発していくのである。表面は神功皇后、応神・仁徳天皇の事業であるが、大きな後ろ楯は葛城氏とみてよいであろう。この期に開発された大道の全ては「葛城の地」に結びつけられると考えるからである。

葛城氏の所領は大和の北葛城・南葛城郡、大阪の南河内郡であったことは間違いない。平城宮跡の北側の地も、葛城氏出身の磐之媛皇后墓や葛城神社があり、やはり葛城氏の所領であったと考えられる。

ところが残念なことに堺市の仁徳陵から大阪市の上町台地の北端までの地域はだれが管理していたかはわからない。葛城氏の地とする証拠はいまはみられない。しかし堺市や松原市から北へのび上町台地の北端に至る地域に葛城氏、同族の紀氏や坂本氏の所領が集中していたのではないかと思われる一面がある。大阪湾岸港津の開発やナニワ大道に軸をおく天皇皇宮の造営、東西に走る数々の横大路の整備の急激な進展は、葛城氏や紀氏、坂本氏の想いを反映し、最終的には葛城山をこえて大和の葛城の地と、竹内峠、水越峠でもって連結させる基本設計あっての工事ではないかと考えるのである。

そこで天皇と皇后の通婚を通して葛城氏の姿をみてみよう。応神天皇の皇后は品陀王家出身の仲姫であったが、仁徳天皇になると、皇后は葛城氏出身の磐之媛となり、はじめてここに葛城氏が登場する。つづく履中天皇皇后も葛城氏出身の黒媛である。後に聖武天皇が藤原氏出身の光明子を皇后に立てる際、「藤原氏は天皇家に皇后を入れる家ではない」と長屋王が反対の立場を表明するだろうと考えた藤原氏は、長屋王は「左道」を学び、天皇を危うくすると告げ口し、天皇はその言を入れ長屋王に死を命じ自死においこむ。こうした経緯で光明子立后に成功した。同様の経緯があったのか、皇后を送り込めない家である葛城氏は、仁徳天皇皇后に同氏の磐之媛を立后している。聖武天皇の光明子立后に当たっては、天皇自らが、「葛城氏の磐之媛立后の前例がある」からだと説明しているように、磐之媛立后の際にもいささか強引な葛城氏の働きがあったのかもしれない。

皇后になった磐之媛には、仁徳天皇が応神天皇の事業を継承し活躍し始めると心配事が起る。「働く男は浮気をする」との言葉どおり仁徳天皇は、皇親の女性を后妃にしたいと皇后に伝えるが、皇后は拒否。磐之媛皇后が氏祖の地―紀伊へ帰った間に天皇はその女性を宮内に入れるという事態が起る。天皇は「御津」の港で皇后を迎えようとするが、磐之媛皇后は無視し、船は淀川を遡り、木津川へ入り、皇后は筒木の地に移り住み、やがて死去したと『日本書紀』は記している。葛城氏の強力な権勢がしのばれる話である。つづく、履中天皇も葛城氏の黒媛を皇后にしている。

大阪の堺市の泉北ニュータウンは佐藤義詮知事の時代に着手された住宅開発である。この地域は古代の「陶邑《すえむら》」である。「スエ」という村があり、そこへ朝鮮半島から招かれた硬質陶器を焼く人々を配置し、一斉に登り窯を築かせ、日本にはなかった半島風の新しい土器を生産させるのである。元来は新羅など朝鮮半島南端の地の食制・宴制に基づいてつくられてきた陶器であり、そのまま日本が受容し、新しく展開していく経緯をみると、新羅の食制・宴制が日本に浸透していった過程が追えるであろう。こうした陶器はスエ邑の窯で焼かれたので「スエ＝須恵」器の名が与えられていく。実はこの泉北ニュータウンの造成で一〇〇〇窯あったとされる窯の八割は失われた。

当時大阪府教育委員会では窯自体の発掘調査を行いつつ一部は灰原を重機ですくい、持ち帰り整理するという難しい状況にあった。このこともあり、いまだに収集した土器を洗い整理研究がつづいている。四世紀末から五世紀初頭の初期の窯は全国にも少なくその多くは陶邑に集中している。九州・四国・東北地域での製陶は極めて少ない。つづく五世紀中葉段階では九州の太宰府、東北の多賀城付近で焼成が始まる。応神・仁徳天皇時代はとにかく陶邑が独占的に須恵器をつくり、やがて陶人を全国に広く配置していくようになり、各地に窯が築かれていく。初期の窯業地の開窯は天皇―朝廷の政策に基づく窯であったとみてよいであろう。

『宋書』にいう讃・珍・済・興・武の倭の五王を私は、四人の倭王と一人の皇太子をさす、と推測している。倭の四王と一嗣子（皇太子）が中国に使節を送り中国から位を与えられている。最初の「讃」は仁徳天皇、派遣しなかった天皇は反正天皇、反正天皇は治世短く在位中の派遣はなかったのではないかと考えられる。おそらく中国へ向けられた目は仁徳天皇の時にはすでに開かれていたのではないかと考えている。仁徳天皇の時代は国内や朝鮮半島にとどまらず中国にまで目を向けて、その交流を計っていた時代ということになる。

仁徳、履中、反正天皇陵を含め百舌鳥古墳群にはもと一〇〇基以上の古墳がみられたという。戦後「土売ります」という形で古墳は次々と崩されていった。いたすけ古墳に対する保存運動が大きく取り上げられ、以後次第に開発と保存の調整が始まった。現在もいたすけ古墳には、周濠の中に当時開発のために架けられた木橋が半分架かったままの姿で残されている。開発にやっと歯止めがかかったのである。もし橋が架かってしまっていたら、あの古墳はもはやみられなかったはずである。このいたすけ古墳の史跡指定もあって残された多くの古墳は保存への道が拓かれたのである。

以後、堺市は懸命の努力をして調査をし、大切な古墳は史蹟指定をうけ、その古墳を公有地、周囲を「大仙公園」として整備してきた。博物館も大活躍し、その学術価値や活用について常に発言してきている。まさに懸命の努力が払われているのである。

堺市の仁徳天皇陵、百舌鳥古墳群は王陵墓として世界一、二を誇る重要な遺跡であり、古代の叡智、古代の文明化を如実に語る人類の遺産といえるであろう。昨今、世界遺産登録の計画的な進捗もあり、文化庁もその登録に積極的な取り組みをみせるようになった。「仁徳天皇陵と百舌鳥古墳群」はその第一候補に挙げられる良質の遺産である。幸い陵墓の管理保全修復に当たる宮内庁の意向もうけて、最近堺市は世界遺産登録への第一歩を踏み出そうと決意された。仁徳天皇陵・百舌鳥古墳群の重要性、真の価値をふまえたこの古墳が世界から、全人類から顕彰されるすばらしい動きの第一歩を踏み出したといえるであろう。墳墓だけに、その公開は慎重でなければならないし、万全の配慮が必要であるが、世界に周知され、多くの人々の心に訴え、人々に古代の偉業を伝える世界遺産として将来保存され続けることが大切だと考える。現段階での私の願いは応神天皇陵を中心とする古市古墳群もあわせて一体としての世界遺産登録を果たしていただきたいと念ずるものであることを申し添えたい。皆様の温かいご支援ご協力を得て、喜びの日を迎えたいと思う今日この頃である。

巨大古墳箸墓の被葬者について

——卑弥呼か台与か——

王　仲殊
中国社会科学院考古研究所教授

一、箸墓の築造年代

箸墓《はしはか》古墳は奈良盆地の東南部に所在し、巨大な規模をもっている。『日本書紀』崇神天皇十年九月条には、この古墳を孝霊天皇の皇女・倭迹《やまとと》迹《と》日《ひ》百襲《ももそ》姫《ひめ》の大市墓《おおいちばか》とし、「日《ひる》は人作り、夜は神作る。大坂山の石を運びて造る。山より墓《みはか》に至るまでに、人民《おほむたから》相踵《あいつ》ぎて手《た》遞伝《ごし》（手送り）にして運ぶ」と記している。箸墓古墳の葺石は近くの初瀬川から採られたと見られるが、石室石材のカンラン石輝石玄武岩は大阪府柏原市国分の芝山の石と推定されており、『日本書紀』に記す伝承との符合をうかがわせる。

墳丘形状や築造規格および墳丘付近から出土した土器の型式、特にいわゆる特殊器台形埴輪類の性質から、箸墓古墳は定型化された最初の前方後円墳と考えられている。一九五〇年代以来、日本の考古学界は、箸墓古墳の築造年代を四世紀の初めとした。これは、大体古墳時代の開始年代に当たる。例えば、一九八〇年代の初め、日本の著名な考古学者達が共同執筆した『埋もれた邪馬台国の謎』(『日本歴史展望第一巻』旺文社一九八一)でも、古墳時代の始まりは三世紀末に遡らないとし、箸墓古墳の築造年代を四世紀前期としている。この考え方は、当時の日本考古学界の主流を代表する見解と見てもよいであろう。

少なくとも一九二〇年代から、邪馬台国畿内論者の中には箸墓古墳をもって卑弥呼の墓とみなそうとする者もおられる。一九六六年に箸墓古墳の墳丘から特殊器台形埴輪が発見されたことで、箸墓古墳の築造年代を三世紀中葉に遡らせる可能性が生まれ、箸墓古墳を卑弥呼の墓と見る研究者がにわかに増えたが、古墳時代の開幕を三世紀末ないし四世紀初めと見る日本考古学界主流の見解を変えるまでには至らなかった。

ところが、ここ十余年の間に、日本の研究者の多くが古墳時代の開幕を三世紀の後期ないし中期に遡らせる見解を示した。それで、定型化した最初の前方後円墳として、箸墓古墳の築造年代もまた三世紀の後期ないし中期とされ、改めて箸墓古墳の被葬者を卑弥呼にあてる研究者が出始めた。古墳時代の開幕年代を三世紀の後期ないし中期に繰り上げるべきという見解がますます発展する態勢につれて、箸墓古墳の被葬者を卑弥呼とする研究者がいっそう増えた。当時、国立歴史民俗博物館におられた白石太一郎先生も、こうした見解の代表的論者のお一人である。

『魏志』倭人伝によれば、卑弥呼は三世紀前期の倭国の女王であり、当時の倭国は邪馬台国を都としていた。日本では、学界はじめ社会各界の多くの人々が、卑弥呼を邪馬台国の女王と呼んできているが、『魏志』倭人伝は、魏の少帝（斉王芳）の正始八年（二四七）ないし九年（二四八）に卑弥呼は亡くなり直ぐに墓が造られて埋葬されたと記しているので、箸墓古墳を卑弥呼の墓とするなら、その築造年代は西暦二五〇年の前になる。つまり、箸墓古墳の被葬者を卑弥呼と認めるには、まず『魏志』倭人伝に記す邪馬台国の位置が畿内であることを確認しなければならない。

よく知られているように、早くも一八世紀の江戸時代中期の新井白石、本居宣長が邪馬台国九州説を提起して以来、邪馬台国の所在に関する「九州説」と「畿内説」が対立してきた。二〇世紀に入って、京都大学の内藤虎次郎と東京大学の白鳥庫吉がそれぞれ畿内説、九州説を主張して激烈な議論を交わして、今まで一〇〇年近くも論争が続き、終結を見ていない。私の記憶によれば、一九八〇年代末の佐賀県吉野ヶ里遺跡の発掘調査がめざましい成果を上げた時には、畿内論者の中から九州論者に代わる者も現れたが、傾向的には、日本の学界では、考古学者は畿内論者が多く、文献史学者は九州論者が多いようである。こうした状況下では、箸墓古墳を卑弥呼女王の墓とする見解は九州説の研究者の受け入れる所とはならないであろう。

二、邪馬台国の所在地

一九九九年から二〇〇〇年にかけて、大和《おおわ》岩雄氏は、『中国文献にみる邪馬台国・女王国』、『考古資料からみた三世紀の王都』、『箸墓古墳の被葬者をめぐって』などの重要な論文を次々と発表された。大和氏は、中国の古代文献を広く渉猟して詳細に調査・考証を加えられているが、その中で、『魏志』倭人伝の「女王国」は九州にあって卑弥呼の都する所であり、邪馬台国は畿内にあって卑弥呼の継承者である台与女王の都する所であるという新たな見解を提起されている。大和氏の見解によれば、卑弥呼は、魏王朝との交渉を緊密なものにするため、都を北部九州に置いて倭国・中国双方の使節が往来しやすくし、政治関係を密接なものにしようとした。魏王朝が卑弥呼を「親魏倭王」に冊封したのが何よりの証拠である。しかし、台与女王が位を継いだ頃には、魏王朝の勢力は衰退していて「親魏倭王」の名号を重視する必要はなく、かつ狗奴国との交戦の後、東海、東国へと勢力を拡大することを求めて、台与女王は都を北部九州から畿内の邪馬台国に遷したと言う。この大和氏の新説に照らせば、奈良盆地東南部に位置する箸墓古墳の被葬者を卑弥呼とすることはできず、畿内に遷都した邪馬台国の台与女王に該当することになろう。

大和氏は、「女王国」を卑弥呼の都する所とし、邪馬台国を台与の都する所として、両者を異なるとしているが、著名な文献史学者である西嶋定生氏は、一九九〇年代の初めに『倭国の出現—東アジア世界のなかの日本』第一部「倭国の出現—伊都国・邪馬台国と倭国」の中で、『魏志』倭人伝は「女王国」に五回言及しているが、全て邪馬台国を指しており、邪馬台国の所在はただ一箇所であると論証されている。つまり、西嶋先生によれば、『魏志』倭人伝の「女王国」は邪馬台国のことであり、そこは倭国の女王卑弥呼の都とする所である。

西嶋先生は、『後漢書』倭伝記載の倭国王帥升(等)を北部九州伊都国の王であり、『魏志』倭人伝にある邪馬台国は再生の倭国の都とする所であると考えられたが、邪馬台国が地理的にどこに位置するかについては明確に判定されなかった。その上で、当時の日本の考古学界の研究成果を参照して、奈良県の纒向《まきむく》石塚と福岡市の那珂八幡古墳の墳型は類似しており、前者が前方後円墳が定型化される直前の畿内における「墳丘墓」であり、後者が北部九州最古の古墳であること、両者共にその築造年代は三世紀に属すること、後者（福岡市・那珂八幡古墳）の墳型は前者（奈良県・纒向石塚）の規制を受けていることなどから、その時期の倭国の政治的中心地とその規制が及ぶ地域が、畿内（大和）と北九州に比定されうると論述された。このように、西嶋先生は極めて慎重な物言いをされておられるが、それに従えば、たとえ邪馬台国が畿内にあったとしても、定型化した前方後円墳である箸墓古墳を卑弥呼の墓とすることはできない。

『後漢書』倭伝記載の倭国王帥升等と『魏志』倭人伝記載の倭女王卑弥呼に関しては、西嶋先生と私との間で若干の意見の違いがあるが、西嶋先生と同様、私も、『魏志』倭人伝の「女王国」が邪馬台国を指していると考えている。私は、卑弥呼が倭の女王であることに疑いの余地を持たないとともに、邪馬台国の女王でもあると認めている。したがって、久しく日本の学界や社会各界の多くの人々が呼んできたように、卑弥呼を邪馬台国の女王と呼ぶことに異論はない。卑弥呼が邪馬台国の女王であるからこそ、邪馬台国を「女王国」と呼ぶことになったのである。卑弥呼女王は、倭王として、狗奴国を除く二九ヶ国という広大な地域を統制下においていたがゆえに、彼女の居た邪馬台国は「女王の都する所」と見られたのであって、彼女の都する所をもって邪馬台国が「女王国」と称されたのではない。

福岡市の志賀島出土の金印が証明しているように、奴国には早くから王がおり、『魏志』倭人伝が伝えるように、伊都国には代々王がいた。こうしてみれば、邪馬台国にも自国の王が居たのであろう。邪馬台国は、人口七万余戸と伝えられ、倭地諸国中最大の国であった。邪馬台国を本拠とした卑弥呼は、その勢力を拡張して倭国の広大な地域をその統制下におき、大倭王となったのである。帥升等が王であった前の倭国に比べて、卑弥呼を王とした当時の倭国の国力は大いに増大しており、その面貌も一新させていたがゆえに、西嶋先生が言われるように、邪馬台国を本拠とする卑弥呼は、倭国再生の女王であった。

邪馬台国の所在地に関しては、私は、九州説、畿内説ともに、それを主張される諸先生の意見は深く傾聴に値するものばかりで、中国人である私が、長い歴史を持つこの熾烈な論争に介入する気はないが、私はおもに考古学を研究するせいか、邪馬台国の所在地に関しては畿内説に傾かざるをえない。したがって、前述したように、私は、卑弥呼を邪馬台国の王と考えている以上、奈良盆地東南部にある箸墓古墳の被葬者が卑弥呼である可能性そのものは排除しない。

三、箸墓の被葬者は誰か

箸墓古墳は、後円部直径約一五五メートル、前方部長約一二五メートル、全長約二八〇メートルの巨大な前方後円墳であるが、『魏志』倭人伝によれば、卑弥呼の墓は「径百余歩」の大塚であると記されている。当時の中国では、六尺をもって一歩とし、一尺は約二四センチメートルなので、「百余歩」は約一五〇メートルとなり、箸墓古墳後円部の直径とほぼ一致する。ここから、研究者の中には、『魏志』倭人伝の「径百余歩」の記載は箸墓古墳の後円部を指す表現であり、箸墓古墳においては、後円部が先に造られ、後に前方部が付けられたという論を出された方もいるが、一九九八年奈良県桜井市教育委員会の実地考察によって、箸墓古墳の墳丘は最初から前方後円墳の形状で設計されており、前方部と後円部は同時に築造されたことが明らかにされ、この論は成り立ち難い。つまり、『魏志』倭人伝の「径百余歩」の記載による限り、卑弥呼の墓は円墳であって、前方後円墳である箸墓を当てることはできない。以上のことは、大和岩雄氏の論文中に詳細に論じられているが、反駁は難しい。

大和氏の所説の中でさらに重要な論点は、日本人研究者の再現設計に基づいて計算すれば、箸墓古墳の墳丘盛り土は三〇万立方メートルに達し、そのためには大量な労働力が必要で、少なくとも一〇年、研究者によれば二〇年以上という築造期間が必要であると指摘されている点にある。「日は人作り、夜は神作る」という神話伝承の類は、箸墓古墳のこの巨大さ、築造の困難さを反映したものであろう。この事実を踏まえれば、『魏志』倭人伝は、卑弥呼は魏少帝（斉王芳）の正始八年（二四七）ないし九年（二四八）に死んだと記してあるから、その年に築造を始めたとしても、完成は西暦二六〇年から二八〇年にかけてということになる。しかし、『魏志』倭人伝にはまた、邪馬台国に派遣された帯方郡の官員・張政はその地に在留して、直接卑弥呼の死亡と墓の築造、埋葬を見聞していることを明記しており、その期間わずか一～二年間のことからみると、墓の構造は簡略で規模は高くないであろう。このことは、箸墓古墳の被葬者は卑弥呼でないと考える最も有力な証拠になろう。

私は、さらに一点論拠を加えたい。それは、『魏志』倭人伝の記載によれば、卑弥呼が亡くなった時、邪馬台国は狗奴国と交戦状態に入っており、当時の倭国は動乱の渦中にあって政局は極めて不穏であったことで、仮に国人が卑弥呼のために箸墓古墳のような定型化した巨大な前方後円墳の造営を言い出したとしても、その実現はありえなかったであろう。

一九九八年一二月、私は、群馬県前橋市で開かれたアジア史学会第八回研究大会に出席し、「中国からみた古代東国の成立」と題する講演を行い、白石太一郎先生をはじめとする日本、韓国の先生方と討論を行った。その際、白石先生は、箸墓古墳が卑弥呼の墓である蓋然性が極めて高いことを強調された。これに対して、私は、箸墓古墳の被葬者は卑弥呼の後継者である台与の可能性のほうが高いのではないかと指摘した。『魏志』倭人伝の記載によれば、卑弥呼の死後、一三歳の台与が邪馬台国の新女王となり、新たな倭国王となった。『晋書』武帝紀泰始二年（二六六）十一月条の「倭人、来りて方物を献ず」、同書「四夷伝」倭人条の「泰始の初め、使を遣し、訳《おさ》を重ねて入貢す」、『日本書紀』神功皇后六十六年条に引く『晋起居注』の「倭女王、訳を重ねて貢献す」の記載からみれば、その時の倭王は三一歳になった台与女王であろう。台与が五〇歳で亡くなったとすれば、没年は二八〇年代の半ばとなる。したがって、箸墓古墳の築造が三世紀後期だとすれば、その被葬者としては卑弥呼の後継者である台与女王である可能性がはなはだ高くなる。

前橋大会での白石先生との討論の中で、私は、『魏志』倭人伝の狗奴国が邪馬台国の南に位置するという記載は正確でなく、『後漢書』倭伝に「女王国より東、海を渡ること千余里、狗奴国に至る」という記載を根拠に、邪馬台国が畿内に位置するとすれば、邪馬台国と敵対関係にあった狗奴国は、伊勢湾以東の愛知、静岡、長野、山梨一帯が適合し、伊勢湾こそ女王卑弥呼の境界の尽きる所となることを強調した。『魏志』倭人伝にある卑弥呼が狗奴国との戦争中に亡くなった記載から考えてみれば、台与が王位を継承した後、時を選んで狗奴国に対する攻勢を強め、倭国の境界を東に拡張し、古代東国の成立を促したことが推量できる。卑弥呼統治時代に比べて、台与女王統治時代の倭国の政治、経済等は諸方面にわたって強化されたと考えられる。かようなまでに、倭国を強盛にした新たな女王台与の墳墓は巨大なものになったと考えるのが自然であり、新たに定型化された箸墓古墳こそ、彼女の墓にふさわしい。

調査によれば、箸墓古墳前方部墳丘の縁辺部と周壕底部の土砂の中から、いわゆる布留0式の土器が出土している。日本の考古学界の編年によれば、布留0式の使用開始は三世紀半ば、二五〇年代に遡るが、三世紀半ばから末年を布留0式の流行期と見る見方が合理的な見解であり、三世紀後半の二八〇年代は、最も盛行した時期とみなせる。それゆえに、考古学の器物型式学（土器編年）から見ても、箸墓古墳の被葬者は台与である可能性のほうが高いと考えられる。

『日本書紀』の神話伝承によれば、箸墓古墳に葬られた倭迹迹日百襲姫《やまとととひももそひめ》は孝霊天皇の皇女であり、三輪山の神・大物主神《おおものぬしのかみ》の神妻でもある。こうした彼女の高貴かつ神秘的な性格は、『魏志』倭人伝に描かれた卑弥呼女王の「鬼道に事《つか》へ、能《よ》く衆を惑はす」に類似している。このことは日本学界の共通認識でもあるが、卑弥呼の宗女で、一三歳の若さで王位を継承した台与もまた同様な性格を帯びていたと見られ、台与も「巫女」的性格を持った女王であった。言い換えれば、箸墓古墳の被葬者が巫術に長けた女性であることは、卑弥呼、台与両人に共通する条件であって、卑弥呼一人に限定されるものではない。

邪馬台国畿内説の立場で論じれば、三世紀前半の卑弥呼女王統治時代にあっては、畿内の邪馬台国を都として、北部九州をはじめとする西日本各地への統制力を強めつつ、とくに朝鮮半島を通じて中国魏王朝との交流を深めて親密な政治的関係を確立し、三世紀後半の台与女王統治時代に入って、西日本各地の統治を強化・継続するとともに、それまでは統制が及ばなかった（狗奴国統制下の）伊勢湾以東の東海・東国へとその統治を拡大し国力を増強していったと見られる。このことは、日本古代史上、最も重大な意義を持つ出来事である。

このように、卑弥呼統治期と台与統治期とを区分して倭国情勢の変化を見れば、邪馬台国を都とする倭国と狗奴国との戦争に大きな鍵があることが分かる。狗奴国の領土は、台与が倭国の女王となった時に初めて倭国に組み入れられたのであり、台与女王の業績は、卑弥呼女王の業績に比べて断じて劣るものではない。中国の史書である『梁書』と『北史』の記載によれば、台与女王死後、倭国は改めて男子をもって王とした。これは、私が考えるところの四世紀初めにおける「大和政権」の開幕であるが、三世紀の後半に、邪馬台国を都として君臨した台与女王は、その統治を「大和政権」へと転換させる準備を完了していたと考えてよいであろう。

以上の基本的考えは、一九九八年一二月のアジア史学会前橋大会での私の結論と同様である。八年の期間を経ても、私は相変わらずこの結論を堅持している。

（汪勃訳・熊倉浩靖監訳）

II

最新の研究成果からみた秦始皇帝陵

劉　慶　柱
中国社会科学院考古研究所教授

秦始皇帝陵の概要――はじめに

秦始皇帝陵は西安市の東約三五キロメートル、東経一〇九度一一分から一〇九度二一分、北緯三四度二一分から三四度二七分の、驪山《れいざん》北麓の扇状地上に築かれている。ここの地形は南から北に傾き、南に驪山を控え、北に渭水《いすい》を臨んで、史上では「驪山園」と称されている。秦始皇帝陵は、一九六一年に国務院の全国第一級重点文物保護単位に指定され、一九八七年にユネスコ世界文化遺産に登録された。

秦の王子・嬴政《えいせい》は、紀元前二四六年に秦王とされ、紀元前二三八年から自ら朝政をみるようになり、紀元前二二一年に全国を統一して、中国史上最初の皇帝となり、「始皇帝」(B.C.二五九~B.C.二一〇)と称した。秦始皇帝陵の築造には三八年間もかかり、毎年数十万、最大時には七〇万人の労働力が投入され、移動した土の量は五〇〇万立方メートルにも達した。秦始皇帝陵は中国史上最初の皇帝陵の陵園で、その造営期間の長さや規模の巨大さ、使役された労働力の膨大さ、副葬品の豊富さから、中国史上のみならず世界史上でも稀有な存在である。

一、秦始皇帝陵に関する考古学的発見

秦始皇帝陵の陵区の面積は五六・二五平方キロメートルで、中には秦始皇帝陵の墳丘、陵園の内城と外城(寝殿、便殿、食官、寺吏舎などの遺構を含む)、陪葬坑、陪塚、水防用水路や養魚池、石材加工場、陶窯、陵邑(麗邑)などの遺跡がある。

秦始皇帝陵の陵園は二重の城牆(神墻、築地)によって内城・外城の二区に分けられ、内城と外城の平面形状はともに南北方向の長方形を呈する。

外城の南北長は二一八八メートル、東西幅は九七一メートルで、周囲六三二一メートル、面積二一三万平方メートルに達する。城牆の基部の幅は七・二メートルある。城牆の両側とも瓦が積み上げられていることから、城牆の上には本来瓦葺の施設があったと見られる。なお、これまで長い間、外城城牆の四方中央に城門（神門）がそれぞれ一つ設けられていると考えられてきたが、最近、秦始皇帝陵考古隊の責任者は、外城の北門遺跡だと言われてきた場所で数回にわたる調査を行い、「陵園のほかの門跡に類似した版築基壇や北門に関わる建築物の遺構は検出されず、北門遺跡のいかなる手がかりも見つけられない(1)」と指摘している。

内城の南北長は一三五五メートル、東西幅は五八〇メートルで、周囲三八七〇メートル、面積七八・五九万平方メートルに及ぶ。城牆の基部の幅は八・四メートルである。内城の中央には東西向きの仕切りの牆があり、内城を南北の二区画に分けている。この仕切り牆の東西長は三三〇メートルで、幅は約八メートルである。内城の南区画と北区画の南北の長さはそれぞれ六七〇メートルと六八五メートルであり、東西幅はともに五八〇メートルである。内城北区画の中央には幅約八メートルの南北向きの仕切り牆があって、内城北区画をさらに東西の二区画に分けている。東西二区画の東西幅はそれぞれ三三〇メートルと二五〇メートルで、南北の長さはともに六七〇メートルである。内城の城牆には五つの城門が検出されている。内訳を言えば、東、西、南の三方におのおの一つの門、北方に二つの門がある。内城中央の東西向きの仕切り牆には一つの門があり、内城の東門は三つの門道がある。内城の四隅には角楼（隅櫓）がある。

秦始皇帝陵は内城南区画の中央に位置している。墳丘は覆斗形（截頭方錐体、頂部を截って平らにした四角錐）の形状を呈し、墳丘中部には二段にわたって緩やかな部分があり、墳丘全体としては三段の階段状となっている。墳丘の高さは四三メートルで、(2)その底部は南北五一五メートル、東西四八五メートル、周囲二〇〇〇メートル、面積二五万平方メートルである。墳丘の頂部は東西二四メートル、南北一〇・四メートルの平地となっている。

墳丘の下に地宮があり、地宮の周囲には土煉瓦の宮牆が築かれている。宮牆の南北長は四六〇メートル、東西幅は三九二メートル、平均的な厚さは約四メートルで、高さは三～四メートルある。地宮の四方に門があり、東側では五つの墓道が見つけられた。南、北、西の三方には各一つの墓道がある。地宮の深さに関して見解が分かれており、最深五〇〇～一五〇〇メートル、最浅二三～三〇メートルと、非常にかけ離れている。現在の考古調査が達した深さは最深二四メートルとあるが、(3)私は、地宮の深さは四〇メートル前後、つまり墳丘の高さに匹敵するものと考えている。

近年、秦始皇帝陵考古隊は中国煤炭工業総局航空測量リモート・センシング局応用研究院と協力して、リモート・センシングと地球物理探測技術、特に高スペクトルのリモート・センシング技術を秦始皇帝陵地宮の探測に応用している。発表されたデータによれば、秦始皇帝陵の「地宮は墳丘頂部およびその周囲の地下にあり、深さは地表下三五メートル、東西長は一七〇メートル、南北幅は一四五メートルで、地宮の形状は玄室と同じく長方形を呈する。玄室は地宮の中央にあり、高さは一五メートルである」。また、考古隊が提供した秦始皇帝陵の陵区の説明図から、玄室は東西約八〇メートル、南北五〇メートルであることがわかる。玄室の周囲には版築の宮牆が設けられており、宮牆の東西長は一六八メートル、南北幅は一四一メートル、高さは約三〇メートル、南牆の厚さは一六メートル、北牆の厚さは二二メートルで、版築の宮牆の内側には石製の宮牆が検出された。測定者は、「玄室には浸水しておらず、玄室も崩れ落ちていない」と推測している。この新たな探測結果により、従来の考古学調査による「墳丘の東側で五つ、西側と北側で各一つの墓道を見つけた」という説は覆えされ、「東側と西側に各一つの墓道がある以外、ほかのものは幾つかの陪葬坑であることがわかった(4)」。

内城の北区画、帝陵墳丘の南五三メートルの所に「寝殿」の基礎の跡がある。東西五七メートルで、南北六二メートルと、その平面は方形に近く、周囲には回廊がある。また、一九七〇年代と一九九〇年代半ばに、「寝殿」の北部で「便殿」遺跡を発掘している。しかし、「寝殿」も「便殿」も、その配置と構造はまだ見極められていない。

内城と外城の間、西門の北部では、南北長二〇〇メートル、東西幅一八〇メートルの建築跡があり、その平面形状は「四合院」のようで、かつて「驪山食官」の文字のある陶器が出土したため、ここは文献記載にある「食官」の跡と推定されている。

秦始皇帝陵の陵区の範囲以内では、現在すでに四二一基の墳墓が見つけられており、その分布は九箇所に集中し、時代は圧倒的に秦の時代に属している。これらの墳墓は、秦始皇帝陵の陪葬墓（陪塚）と帝陵を築造する人の墓と、二種類に分類することができる。

陪葬墓は六箇所ある。第一の箇所は、内城の南区画、帝陵墳丘の西北部にある大規模の「甲」字形を呈する一基の墓である。この墓は東側にあって西向きであり、ある研究者はこれを公子高の墓だと考えている。第二の箇所は、内城北区画の東区に所在する三三基の墓である。これらの墓は南北方向で三列に分けられており、すべて北側にあって南向きであるため、ある研究者はこれらの墓を始皇帝の後宮の陪葬墓と推測している。第三の箇所は、陵園西部の内城と外城の間、西門の北に位置する六一基の墓である。発掘者はこれらの墓は「空墓《からばか》」ではないかと見ている。第四の箇所は、陵園東部の内城と外城の間、東門の北にある三基の墓である。第五の箇所は、陵園東の上焦村にある一七基の墓である。これらの墓は皆東側にあって西向きであり、発掘者は始皇帝の子女あるいは宗室の大臣の墓だと推定している。第六の箇所は、秦兵馬俑の第三号坑の西一五〇メートルにある「甲」字形を呈する一基の墓である。

秦始皇帝陵の造営は三八年間も続いており、始皇帝が全国を統一した後も、全国各地から数十万規模の人間を徴発して、帝陵の造営に従事させていた。帝陵を造営する途中で多くの人々は亡くなってしまい、秦始皇帝陵の近く、大部分は陵区の西部に埋葬された。現在、そうした墓所が三箇所見つかっている。第一の墓所は趙背戸村にあり、面積八一〇〇平方メートル、確認された一〇三基の墓のうち、三二基を発掘し、一〇〇体の遺骨が発見されている。ある墓には一四体ほどの遺骨がまとまってあったが、ほとんどの墓には葬具も副葬品もない。第二の墓所は五紡廠にあり、二二〇基の墓が確認されている。第三の墓所は姚池頭村の北にあり、人骨が幾重にも積み重ねられている。これらの陵墓を築造する者の身分は、囚人や居貲（贖罪奴隷）、徭役者（徴発された人民）、官庁と民間の手工業の

仕事場の職人と管理者である。(5)

現在までのところ、報告等を総合すれば、一八一の陪葬坑がすでに見つけられており、うち陵園内には七七、陵園外には一〇四が分布している。(6)

陵園内の陪葬坑は、内城の中と内・外城の間の二部分に分けることができる。

内城の中の陪葬坑は一六あり、おもに地宮の周囲に分布している。その中、地宮の北側では七つの陪葬坑が見つけられ、最大の陪葬坑は東西長五六メートル、南北幅三五メートル、深さ八～一〇メートル、面積一九六〇平方メートルで、おそらく車馬坑類に属す陪葬坑である。ほかの六つの陪葬坑は皆規模のより小さな竪穴坑で、その面積は二四平方メートルから一五八平方メートルの間にある。地宮の南、東、西側ではそれぞれ三つの陪葬坑が見つけられている。有名な銅車馬坑は内城の西側にある。銅車馬坑は墳丘の西二〇メートルの場所にあり、長さ、幅ともに五五メートル、面積は三〇二五平方メートルで、地表下八メートルの所にある。その平面は「布」字形を呈し、二乗の銅車馬が出土している。銅車馬の重さは一号一〇六一キログラム、二号一二四一キログラムである。銅車馬の南部にある陪葬坑（K0003）の平面は不規則な長方形を呈し、南北の最大長は一五七メートル、東西の最大幅は六四メートルである。ボーリング調査から、考古学者はこの陪葬坑を「お

そらくは皇室、ひいては始皇帝本人の飲食を提供する機関である」と推測している。(7)

地宮の南側で見つけた陪葬坑は、西から東への順次でK0006, K0002, K0001である。K0006（文官俑の土坑）は、中央政府の廷尉という機関を象徴するもので、墳丘の南西五〇メートル、内城南牆の南一二〇メートルの所に位置し、遺跡の平面は「中」字形を呈する。東西長は四七メートル、南北幅は二・七～一一・八メートルで、斜面になった羨道と前、後室から構成されており、土坑の底部は現地表下の六・四メートルに達する。彩色された文官俑八点と御者俑四点、木造車一乗、馬九匹、青銅鉞四点が出土している。K0002は内城南門の北一〇〇メートルに位置し、陪葬坑の平面は逆さまに置かれた「凹」字形を呈し、東西の長さは一九四メートルで、東西の両端は長方形となる主室で、二つの主室の大きさや形と構造は相似しており、東側の主室を例とすれば、主室の寸法は長さ三四メートル、幅一六・二メートル、深さ七・三メートルである。

内城と外城の間に位置する陪葬坑は、おもに内・外城の東・西側の間で発見された。内城と外城の西門の南では、珍しい禽獣を陪葬する土坑一七、跽坐俑（ひざまずく俑）坑一四、葬儀坑一六、曲尺《かねじゃく》形を呈する馬屋一などの陪葬坑が発見された。内城と外城の東側、東司馬道の南では三つの大型陪葬坑（K9801, K9901, K9902）、司馬道と東門の北では一〇の小型陪葬坑（K9903～K9912）を発見している。K9801陪葬坑（石甲冑坑）は、内城と外城の間の東南部に位置しており、東西一三〇メートル、南北一〇〇メートル、面積一三〇〇〇平方メートルの広さであるが、一五〇平方メートルの試掘区内からは、石の鎧《よろい》一五〇領、石の冑《かぶと》五〇頂が出土した。石の鎧の重さは一八キログラムで、鎧一領は六一二の石札で綴じ合わされている。石の冑の重さは三一六八グラムで、冑一頂は七四の石片が銅線で綴じられている。K9901陪葬坑はK9801の南側に位置し、長さは七二メートル、幅は一二～一六メートルで、銅鼎《かなえ》一点（高六一センチメートル、口径六五・五センチメートル、重さ二一二キログラム）、彩色された百戯俑九体が出土している。K9902陪葬坑はK9801陪葬坑の北側三五メートルのところにあり、東西一五三メートル、南北三八～九四メートルである。

陵園外の陪葬坑は、おもに陵園の東部にある三つの秦兵馬俑坑と、陵園の東南部に位置する上焦村の九八の馬屋坑、陵園の東北部にある動物陪葬坑と禽獣坑などである。

兵馬俑坑は、秦始皇帝陵の陵園の東部に位置しており、合計八〇〇〇点の陶質兵馬俑を埋葬している。一号坑は、長さ六二メートル、幅二三〇メートル、面積は一四〇〇〇平方メートルに及び、戦車と歩兵で構成した軍陣を示す長方形の坑道式建築で、六〇〇〇点の兵馬俑がある。二号坑の平面は曲尺の形を呈しており、長さ八四メートル、幅九六メートル、面積六〇〇〇平方メートルで、弩兵や車兵、歩兵、騎兵の諸兵種を含む混合軍陣である。三号坑は東西一七・六メートル、南北二一・四メートルで、軍の幕僚本部である。

上焦村の馬屋坑は、陵園の東側にあり、東西五〇メートル、南北一九〇〇メートルの範囲に分布しており、九八の坑は馬を埋める坑や跽坐俑を埋める坑、俑と馬とを埋める坑などを含んでいる。

動物坑は、陵園東北七五〇メートルのところにあり、その面積は三〇〇平方メートルある。中には鳥類と獣類、魚とスッポンなど一〇数種の動物を埋めている。禽獣坑（K0007）は、陵園外城の東北九〇〇メートルのところに位置する坑道式木造建築であり、その面積は九二五平方メートルである。すでに発掘された二四平方メートルの中からは、原寸大の青銅製の鳥（鶴を含む）十数点と若干の陶俑が発見された。

秦始皇帝陵の陵区の中で、近年、新たに秦始皇帝陵と関係のある付属施設が発見されている。たとえば、外城の南で発見された「五嶺」遺跡は、西南から東北へと伸びる堤防の跡である。西の大きな溝から始まり、陳家窯村の東南から東北へと延びて、楊家村と李家村を通り過ぎて杜家村の東南に至っており、全長は一七〇〇メートルに達する。現存幅は八〇メートルで、面積は四〇万平方メートル、残存高は二～八メートルである。また、外城の北側一三〇〇メートルの所で「魚池」跡が見つけられた。その東西長は二〇〇〇メートル、南北幅は五〇〇メートル、面積は一〇〇万平方メートルに及ぶ。「魚池」跡の東北部では一回りの塀も見つけられた。その東西長は四〇〇メートル、南北幅は二〇〇メートル、残存高は二～四メートルで、その中からたくさんの家屋の建築跡、レンガや瓦の建築材料、各種の兵器と道具が見つけられ、「左右司空」、「北司」、「宮水」の文字のある大量の陶器が出土している。これらの出土遺物から、ここはおそらく秦始皇帝陵園を造営する際の官邸建築跡と判断される。そして、秦始皇帝陵の北にある新豊鎮で発見された「麗邑」跡は、面積七五万平方メートルに達する陵邑の跡である。さらに、陵園外城の西で石材加工場の跡が見つけられている。その東西長は約一五〇〇メートル、南北幅は約五〇〇メートルで、面積は七五万平方メートルである。そのほか、外城の東で見つかった数十の陶窯跡は、レンガや瓦などの建築材料の焼成地と見られる。

二、秦始皇帝陵陵墓制度の後代中国帝陵に対する影響についての評議

都城、陵園のような大規模な建築群の「向き」は極めて重要である。秦始皇帝陵の陵園、陵区の「向き」については、かねて「東向き」説と「北向き」説があったが、現在では「東向き」説が主流となっている。現に陵園の内・外城の東西の門には確かに門闕が設けられているが、南北の門では現在のところ、同様の門闕が見出されていない。さらに、北門そのものが存在するのかどうかも、今後の考古学調査の展開を待たなければならない。また、陵園内の陪葬坑は、内城と外城の東西の間に分布している数が最も多く、かつ、最も重要である。内城内の陪葬坑は、大部分が墳丘の西部に所在しており、墳丘の南北側にも少数の陪葬坑があるが、墳丘の東部では陪葬坑は見つかっていない。陵園外の陪葬坑は主に東部に分布しており、その中には有名な兵馬俑坑や東南部の馬厩坑、東北部の動物坑と青銅製水禽陪葬坑などがある。主要な陪葬坑の分布位置、陵園の司馬門に門闕を設けるのは東門と西門だけであること、調査資料によれば陵墓の東の墓道はそのほかの三つの墓道より規模がより大きいことなども、陵園と陵区の方向が東向きであることを反映してい

る。こうした方向配置は秦始皇帝陵の創始ではなく、秦の雍城と東陵にある秦王陵の陵園の方向性を踏襲したものである。引き続く前漢の帝陵も秦始皇帝陵の制度を継承した。

考古調査資料によれば、秦始皇帝陵の墳丘と地宮の平面形状はともに方形である。このことは、漢代およびそれ以降の帝陵の墳丘、地宮および関連する礼制建築物に重要な影響を及ぼした。前漢時代、帝陵の墳丘と地宮の平面形状だけを方形とするのではなく、当時の都城・長安の宗廟、明堂、社稷、辟雍（大学）と洛陽の漢魏霊台遺跡の平面形状も方形としている。唐代の「平地に冢を築く」唐陵（高祖献陵、敬宗荘陵、武宗端陵、僖宗靖陵）の墳丘と陵園の平面形状もみな方形であり、北宋の帝陵の墳丘、陵園の形と構造も前漢の帝陵とほぼ同じで、墳丘と陵園の平面形状はともに方形をしている。

王陵の玄室が「亜」字形となる傾向は、商代晩期からすでに現れている。しかし、「亜」字形の玄室と王陵を陵園の中に設け、陵園四方に各一つの門と門闕を設置したのは、始皇帝陵からであり、それは後代に強い影響を及ぼした。前漢の帝陵の玄室は皆「亜」字形となっており、帝陵の陵園の四方中央に各一つの門と門闕を設置している。したがって、言われているように、始皇帝陵陵園の東西二門のみに門闕が設けられたとすれば、前漢帝陵の陵園四方の四門にみな門闕が設置されていることは理解し難い。なお検討が必要と思われるが、始皇帝陵陵園の四方に門を設置する形式は、漢代から関中の唐代の一八陵と河南鞏義の北宋時代の帝陵陵園にまで継続したと見られる。

秦始皇帝陵の外蔵椁系統（棺の外をさらに箱で囲む形式）の陪葬坑は、中国古代帝王陵墓の発展史上、陪葬坑の規模や数量、種類などの諸方面から見て、みなすでに最高峰に達しており、「空前絶後」と評することができ、ここには「陵墓は都邑のごとし」という理念が充分体現されている。この制度が前漢中期以前の帝陵の外蔵椁制度の建設に直接影響しており、漢代の景帝陽陵、昭帝平陵、宣帝杜陵、薄姫の南陵などの陪葬坑の発見は、その最もよい証明となっている。

崩じた王に陪葬する葬儀は、かなり古い歴史をもっており、早くも安陽殷墟武官村大墓の北墓道には、東西両側に四一人が葬られていた。そのうち、東側の一七人は男性、西側の二四人は女性である。これらの死者は皆遺骨に欠損が見られず、葬具、青銅礼や兵器、さらには佩飾の玉器などが副葬されていたものもある。死者の埋葬情況から分析して、これらの人は被葬者の生前の側近、侍従、姫妾であろうと考えられている。文献史料によれば、真の意味での陪葬墓は、西周時期から出現し、『唐大詔令集』には、「諸侯の葬を列《つら》ぬるは、周文（周の文王）創めて其の礼を陳《の》ぶ」と記されている。東周代になると陪葬墓の制度がさらに発展し、『史記』秦本紀には、秦の穆公が崩じた際に「死に従《したが》ふ者百七十七人。秦の良臣なる子輿氏の三人、名を奄息、仲行、鍼虎と曰《い》ふもの、亦《また》、従死の中に在り」と記載されている。秦始皇帝陵はこの伝統を継承するとともに、さらに発展させて、陵園の中に数十基の陪葬墓を配置し、陵園外の東南部にも陪葬墓がある。前漢帝陵の陪葬墓は、秦始皇帝陵の陪葬墓制度をさらに発展させ、陪葬墓を陵園の中に置くのではなく、陵園の外に置くようになった。このような陪葬墓制度は唐・宋の時代まで継続した。

三、秦始皇帝陵兵馬俑の性格について

兵馬俑坑を秦始皇帝陵の陪葬坑とみなす点では意見の一致を見ているものの、その性格に関しては、長く学界において、秦の都・咸陽の警備部隊を象徴するものと見る意見と、始皇帝のために葬送する軍隊を象徴するものと見る意見とが、提出されてきた。

前者の意見を代表するものには陝西省考古研究所の「学者達は普通それが京城を守備する宿衛軍を象徴するものであることに賛成する」(8)とする見解や、袁仲一先生の「大規模の兵馬俑坑は秦始皇帝陵の東側にあり、私は首都の外に駐屯する宿衛軍を象徴すると思う」(9)

という指摘が挙げられ、長く、兵馬俑坑研究に関する主流の見方となってきた。

後者の見解をもつ研究者は、黄展岳先生、楊泓先生そして筆者である。一九八一年、黄展岳先生は、秦始皇帝陵兵馬俑は葬送する俑群だという説を出されている。(10)

私は、一九八七年に出版した専門書の中で、次のように指摘した。

漢代には軍隊が葬送する習俗があった。たとえば、有名な青年将軍霍去病《かっきょへい》の死後、漢の武帝は「属国の玄甲士を発し、陣して長安より茂陵に至らしめ」葬送した。また霍光《かっこう》の死にあたり、漢の宣帝は「材官の軽車、北軍五校の士を発し、軍陳して茂陵に至らしめ、以てその葬を送り」、匈奴の出身である金日磾の死後、皇帝は「送るに軽車、介士を以て、軍陳して茂陵に至らしめ」葬送した。このほか、張安世、王鳳なども、死後に軍隊を以て葬送される儀を享受した(以上は、『後漢書』の霍去病伝、霍光伝、金日磾伝、張安世伝、孔光伝、元后伝を参照)。後漢時代にも軍隊葬送の習俗は継承され、たとえば、「五営の軽車、騎士を発し」て鄧弘《とうこう》の葬を送り、呉漢の死後「北軍五校の軽車、介士を発して葬送し」、耿秉《こうへい》が世を去ると「鼓吹を假り、五営の騎士三百余人もて葬送し」、祭遵《さいじゅん》の葬儀にいたっては、「介士軍陳し葬送」し、梁商の葬儀におよんでは、皇帝が「軽車、介士を贈り」葬送し、楊賜《ようし》が葬られた時は、軍隊葬送の隊伍は空前の規模となり、「蘭台の令史十人、羽林騎の軽車、騎士を発し、前後に鼓吹を部《もう》け、又、驃騎将軍の官属に勅し司空の法駕もて送りて旧塋《きゅうえい》に至らしめ」たという（以上は『後漢書』の鄧騭伝第六一五頁、呉漢伝第六八四頁、耿秉伝第七一八頁、祭遵伝第七四二頁、梁商伝第一一七七頁、楊賜伝第一七八五頁を参照）。前漢時代に兵馬俑が陵墓の付近に陪葬されることは（たとえば、長陵陪葬墓の楊家湾漢墓の陪葬坑から二三七五体の兵馬俑を出土、江蘇徐州の獅子山楚王陵から二三〇〇余体の兵馬俑を出土した）、秦の制度を踏襲したものであろう。逆に考えてみれば、秦始皇帝兵馬俑の性質も葬送の軍隊を象徴したものとみなしうる(11)。

楊泓先生は、一九九七年に出版した著作の中で、秦始皇帝陵の陶俑は「ただ生きている軍隊の代わりで、それによって皇帝の侍従と葬送する軍陣を真似る(12)」と提起された。一九九八年、黄展岳先生は再度文章を発表して、「兵馬俑坑の性質に関して、かつて多くの推測があった。私は、兵馬俑坑の設置が軍隊が陣して始皇帝を葬送する軍陣の模擬だと思う。実戦の陣立てのようにするかどうか、あるいは雄大な征戦の寓意をもっているかどうかについては、まだ兵馬俑の全面的な発掘を待たねばならない。軍隊が陣して葬送することは、『漢書』と『後漢書』の中で何度も目にしていて珍しくもなく、咸陽の楊家湾漢墓（長陵の陪葬墓）、漢景帝陽陵、徐州の獅子山楚王墓では実例が発見され、規模だけが秦陵の兵馬俑坑より少し小さい。漢は秦の制度を相続し、軍隊が陣して葬送する制度もまた秦より創始されたものであり、秦陵兵馬俑坑の発見は例証である[13]」と述べている。二〇年前私が提出したように、秦始皇帝陵兵馬俑坑は都・咸陽の近くの「宿衛軍」の模擬ではなく、秦の制度を継承した前漢時代の大型墳墓近くの陪葬坑で発見された兵馬俑坑のあり方や、『漢書』『後漢書』など重要な史書に見られる記載を総合的に判断すれば、秦始皇帝陵兵馬俑坑の兵馬俑は当時秦始皇を葬送する軍隊の象徴とみるのが妥当である。

秦始皇帝陵兵馬俑坑の性格にかかわる学術議論は、歴史学、考古学の研究方法論に深く関わる課題である。遥か昔の古代史を明らかにしていくためには、我々の研究は必ず今日までの科学的成果を起点・支点として、未知の領域を探求していくことになる。すべての科学研究には「仮設」と「仮説」が必要であるが、「仮設」と「仮説」の科学性はその科学研究の前提条件に決定づけられる。秦始皇帝陵兵馬俑坑が発見されて三十数年、その極めて重要な問題である兵馬俑坑の性格を探求することにおいて、十分な進展が見られないとすれば、我々は、科学研究の方法論をいっそう強化しなければならないであろう。

（汪勃訳・熊倉浩靖監訳）

（1）陝西省考古研究所等『秦始皇帝陵園考古報告』（二〇〇〇）第三三頁　文物出版社　二〇〇六年。
（2）始皇帝陵の墳丘の高さについて、有り合わせの考古資料により、三三・五メートル～七七メートルの間に見解がはなはだ多く、歴史文献の記載も一四・五メートル～一五四・五メートルの間にそれぞれである。詳しくは 陝西省考古研究所等『秦始皇帝陵園考古報告』（一九九九）第一五頁と第三一頁の注（15）科学出版社　二〇〇〇年を参照。
（3）陝西省考古研究所等『秦始皇陵園考古報告』（一九九九）第九頁　科学出版社　二〇〇〇年。
（4）「我国用高科技探測秦皇陵、解開地宮布局之謎」『新京報』二〇〇三年一一月二八日。
（5）陝西省考古研究所等『秦始皇陵園考古報告』（一九九九）第二八頁　科学出版社　二〇〇〇年。
（6）段清波「帝国的夢想──秦陵還会有多少陪葬坑」『文物天地』二〇〇二年第一〇期。
（7）陝西省考古研究所等『秦始皇帝陵園考古報告』（二〇〇〇）文物出版社　二〇〇六年。
（8）陝西省考古研究所等『秦始皇帝陵園考古報告』（一九九九）第二二頁　科学出版社　二〇〇〇年。
（9）袁仲一「秦始皇陵東側第二、三号俑坑軍陣内容試探」中国考古学会編輯『中国考古学会第一次年会論文集』（一九七九年）文物出版社　一九八〇年。
（10）黄展岳「中国西安、洛陽漢唐墓的調査与発掘」『考古』一九八一年第六期。
（11）劉慶柱　李毓芳『西漢十一陵』第二〇五～二〇六頁　陝西人民出版社　一九八七年。劉慶柱　李毓芳（著）来村多加史（訳）『前漢皇帝陵の研究』第二九四～二九五頁　日本東京学生社　一九九九一年。
（12） 楊　泓『美術考古半世紀』第三〇九頁　文物出版社　一九九七年。
（13） 黄展岳「秦漢帝陵」『文物』一九九八年第四期。

最新の研究成果からみた唐の乾陵とその陪塚

王　巍
中国社会科学院考古研究所所長

はじめに

唐王朝は中国史の上で極めて重要な王朝であり、中国古代政治・経済・文化の高度な発展期でもあった。中国には「漢唐盛世」という言葉があり、唐代は漢代とともに中国古代史上、最も繁栄した時期として知られている。一九五〇年代以来の中国考古研究者の努力によって、多くの唐代の建築・墓葬その他の遺構が発見され、遺物が検出され、唐代の歴史と文化の研究に貴重な実物資料が提供された。なかでも、唐代の陵墓とその陪塚は非常に重要である。

一、唐代の皇帝陵

1唐代皇帝陵の位置と規模

唐代には二〇基の皇帝陵がある。昭宗・李曄の陵墓が河南省澠池に、哀帝・李柷の陵墓が山東省荷澤にある以外には、他の一八人の皇帝の陵墓はみな陝西省関中地域、現在の陝西省中部、西は乾県から、東は蒲城までの一〇〇キロメートル余りの範囲にある。残念ながら、これらの一八基の陵墓は、乾陵を除いて皆盗掘されたが、高祖・李淵の陵墓が版築の墳丘（長さ一五〇メートル、幅一二〇メートル、高さ二一メートル）を持つ以外は、残りの一七基は、すべて山を掘って造られたもので、「山陵」と呼ぶことができる。例えば、太宗の昭陵は墓道から墓室まで二五〇メートルもあり、前から奥まで五重の門がある。山陵のまわりに陵区がある。その規模はそれぞれ違うが、『長安県誌』によると、太宗の昭陵と宣宗の貞陵が最も大きな規模で、周囲は一二〇里（六三キロメートル余り）に達する。高宗と則天武后の合葬墓である乾陵の陵区の周囲は八〇里であり、玄宗の泰陵の陵区の周囲は七六里、そのほかの陵墓の陵区範囲は四〇里である。高祖・李淵の献陵の陵区の規模は最も小さく、周囲は二〇里にすぎない。それは山陵ではなく、版築の古墳であることと無関係ではなかろう。

2 唐代皇帝陵の平面プラン

唐代陵墓の平面プランは乾陵から整えられた。墓室は山の南部の山腹にあり、陵園の北部の高いところにもある。それが陵墓の主体になり、周囲に二重の塀を建て、内城と外城とに分けられる。内城は東西南北の塀に一つずつの門がある。内城の南門の内側に祭祀用の品物を置く「献殿」を建てる。太宗の昭陵の献殿の遺跡から当時の建物の屋根の棟両端に飾った鴟尾が検出された。その長さは一メートル、幅は〇・六五メートル、高さは一・五メートルである。それによって、当時の献殿がどれほど雄大であったかが想像できよう。

唐代陵墓の平面プランについて、昭陵のそれは独特な面がある。昭陵は山陵の南が険しい崖となるため、陵園の北の玄武門の内側に儀式を行うための祭壇を築いた。それはほかの陵墓には見られない形式である。

唐代陵墓の内城の外に外城があるが、外城の門は南だけである。前・中・後という三重の門があり、南から二番目（中門）と三番目（後門）の門の間には、石像群がある。そのため、各陵の西南地域からは、建物の遺構が発見され、瓦・煉瓦と柱の礎石を出土した。文献には、「陵下宮」と呼ばれているこれらの建物は陵墓を管理する役人などの住んでいたものだと考えられる。また、陵園の外城の南の門の外には、死んだ皇帝の親戚、文官と武将たちの陪塚がある。

3 唐代皇帝陵の石像

石像は唐代皇帝陵の最も特色的な存在であり、当時の彫刻芸術の代表作である。これらの石像は線彫り、浮彫りもあれば、丸彫りもある。人物の像もあれば、動物の像もある。その石像の種類について、高宗の献陵と太宗の昭陵は時代が古いので、石像群の種類などはまだ整えられておらず、乾陵及びその後の陵墓と異なる。献陵の四つの門にはそれぞれ一組（二つ）の石虎があり、内城の南の門の南には石の犀と華表（中国に伝統的な石柱）が一組ずつある。昭陵は陵の南部の地形が険しいので、石像はすべて陵の北の門（玄武門）内に位置する。これらの石像では一四人の「蕃首」（周辺地域の部族の首長）像と「六駿」（唐の太宗がよく乗っていた六頭の馬）像が最も有名である。乾陵以後、陵墓の石像の組み合わせが定められた。それは次のようである。石獅子、石人石馬と馬飼、翼のある動物、「北門六馬」、「蕃首像」、華表、石碑などである。これらの石像の中で、石獅子は内城の四つの門の外にあり、六頭の馬が北の門の外にあるほかは、外城の南の二番目と三番目の門（中門と後門）の間に位置する。

4 唐代陵墓の陪塚

皇族と文臣武将を皇帝のために陪葬することは唐代皇室の埋葬制度の重要な部分であり、皇帝が皇族メンバーや大臣に与えた特別な待遇と栄誉と位置づけられた。唐王朝が臣下の心を取り込み、支配を維持するやり方でもあった。

唐代の一八基の陵墓の中で陪塚の数が最も多いのは、太宗の昭陵である。昭陵の陪塚について、『唐会要』は一五五基と記し、『長安誌』は一六六基と記している。清代の『醴泉県誌』によれば、二〇三基で、現地の調査では、一六七基が確認されている。陪塚の数が少ないのは玄宗の泰陵、順宗の豊陵、憲宗の景陵、敬宗の荘陵、武宗の端陵、宣宗の貞陵などであり、それぞれ一基の陪塚がある。代宗の元陵には陪塚は一基もない。

唐代陵墓の陪塚の多くは版築の墳丘がある。その中で、ランクが高い皇族の墓は方墳で、一般の大臣の墓は円墳である。また、少数の陪塚墓の墳丘は山の形をまねた版築となっている。ごく少数の陪塚は、墳丘ではなく、山に築いている。

二、乾陵について

乾陵は唐の高宗の李治と則天武后の合葬墓である。陝西省乾県北部の梁山に位置する。唐の一八陵の中で最も西にある陵墓である。『新唐書』によれば、高宗・李治は光宅元年（六八四年）に乾陵に埋葬された。二二年後の神龍二年（七〇六年）に、則天武后が乾陵に合葬された。一九五八年から一九六〇年にかけて、陝西省の考古学者が乾陵の現地調査を行い、一九六一年、乾陵は国指定史跡に指定された。

乾陵は山を掘ってできた陵墓である。墓は陵山の山腹にあり、高所より俯瞰する形状は、極めて雄大である。乾陵の墓室には南北方向の下り坂の墓道がついている。墓道は長さ六三・一メートル、幅三・九メートル、深さ約一九・五メートルであり、厚さ〇・五メートルの細い石で築かれ、石の間に細い鉄の棒で連いでいる。墓道内の土は版築されている。内城陵墓とされる陵山を囲んで、内城の陵園が築かれ、内城の平面はほぼ方形を呈する。内城の塀の長さは東が一五八二メートル、南が一四五〇メートル、西が一四三八メートル、北が一四五〇メートルである。塀は版築されている。各塀に門が一つずつある。残っている痕跡から見れば、これらの門はすべて三つの闕の形になっている。四つの門の両側には、石の獅子が二つずつあり、北の門には六頭の石の馬があったが、いまは二頭しか残っていない。陵園の外城の南からの二番目と三番目の門の間に多くの像が立てられている。南から北へ並んでいるこれらの石像は華表一対、翼のある動物一対、駝鳥一対、石馬五対及び馬を引く人、石人一〇対、六一人の「蕃首」の像・文字のない石碑と記功碑などがある。その中では、則天武后が臣下に命じて、自分のために立てた碑文のない石碑が非常に有名である。自分の業績は後人に評判させようという自信がうかがえる。

三、乾陵の陪塚

乾陵の陪塚は、『唐会要』によれば一六基、『文献通考』によれば一七基、『長安誌』によれば六基ある。考古学の現地調査では一七基が発見されている。これらの陪塚の中で最も有名なのは懿徳太子墓、章懐太子墓と永泰公主墓である。これらの墓は一九七一年に発掘された。

1 懿徳太子墓

懿徳太子の名前は李重潤という。彼は唐の中宗の李顕の長男であり、則天武后の孫である。大足元年（七〇一年）妹（永泰公主）とその夫と共に陰で則天武后を非難したとの理由で則天武后に殺され、洛陽に埋葬された。七〇五年に則天武后が死んでから、彼女の息子の李顕が皇帝、中宗となり、神龍二年（七〇六年）、李重潤が懿徳太子と追封され、彼の墳墓は乾陵に遷された。乾陵の東北隅に位置する。

懿徳太子墓は地面に墳丘と塀がある。墳形は方墳である。墳丘の本来の一辺の長さは五八メートルで、現在残っている墳丘の一辺の長さは五五〜五六メートル、現存の高さは一八メートルである。陵園のまわりに版築の塀があり、その平面は長方形である。南北の長さは二五六・五メートルで、東西の幅は二一四メートルである。陵園内の四隅に一つずつの版築の建築の跡があり、角楼の遺構かもしれない。陵園の塀の南には、一対の石獅子、二対の石人、一対の石華表がある。懿徳太子墓の地下の部分は墓道、七つの天井（明り取りの吹抜け）、過洞、八つの小龕、前甬道、後甬道、前墓室、後墓室からなる。全長は一〇〇・八メートルである。

墓道の長さは二六・三メートルで、幅は三・九メートルであり、斜め坂になっている。前・後甬道と前・後墓室は煉瓦で築いてある。甬道の頂部はアーチ形になるが、前室と後室はドーム形の頂部をもつ。後室内の西側には大型の石槨が一つ置かれている。石槨の頂部は高級の宮殿の屋根の形になっている。石槨の東の塀に二人の鳳凰の冠をかぶっている女の像が刻まれている。石槨の中に、二人分の骨があり、男と女一人ずつである。男は二〇才以下であり、文献に記されている懿徳太子が一九才の時に死んだ記録によく合っている。この墓は大昔に盗掘されたが、墓の中には「哀冊」一一枚が残っている。それは楷書のもので陰線で刻んでいる。また、墓には一〇〇〇点余りの副葬品が残っている。その大多数は小龕の中から出土する。主に各種の俑である。土俑八三四点、三彩俑六九点、木俑一六二点がある。三彩俑と金メッキの甲俑が非常にきれいである。また、墓の中から日常生活に使われる唐三彩と土製の容器及び金、銀、鉄器がある。

懿徳太子墓で最も注目されるのは壁画である。壁画が全部で四〇幅ある。墓道入口の東西両側には城塀、城門と門闕を背景とする太子行列図がある。最前部に描かれたのは甲と青をかぶっている武士の行列であり、その後は東壁には青龍、西壁には白虎を描いている。

その後には山を背景とする城壁と門闕楼がある。城門の内から多くの行列が城を出ようとする場面である。儀仗行列は四つの部分からなる。(1)旗をもつ騎兵、(2)武士衛隊、(3)文官隊、(4)車隊である。さらに後部には男と女の使いと四つの列戟の棚が描かれている。一つの棚に立っている戟は一二本である。墓室の前室の壁には墓主の日常生活の場面を描いている。後室の壁に宮廷伎楽、供奉などの場面である。後室の頂部は天象図であり、太陽・月・星などが描かれている。

2 章懐太子墓

章懐太子は李賢という。高宗と則天武后の二番目の息子である。李賢は曾て地位がとても高く、沛王と雍王に封じられたが、永淳二年（六八三年）に庶民に落とされて巴州に追放され、永淳三年（六八四年）に自殺させられた。垂拱元年（六八五年）に、則天武后に「雍王」と追封された。景雲二年には、また「章懐太子」に冊封された。神龍二年（七〇六年）に、その墓は巴州から乾陵のそばに移された。

章懐太子墓の墳丘は方墳である。墳丘の底部の一辺の長さは四三メートルで、頂部の一辺の長さは一一メートルであり、高さは一八メートルである。墳丘のまわりに塀が囲んでいる。その塀の南北の長さは一四三メートルで、東西の幅は一四三メートルである。墳丘の南に二つの土闕があり、土闕の南に二つの石羊がある。

章懐太子墓の構造は懿徳太子墓と似ている。墓道、過洞、天井、前甬道、後甬道、前室、後室からなる。全長は七一メートルである。

章懐太子墓も盗掘されていた。後室内の石槨の中の副葬品が全部なくなっていた。少数の人骨しか残っていなかった。副葬品は主に天井両側の六つの小龕の中にあり、各種の俑が最も多い。武士俑、文官俑、男女立俑、男女の騎馬俑、伎楽俑および馬・駱駝・豚・犬・牛・羊・鶏などの動物俑がある。そのほか、土製の器などがある。

この墓の中から、二点の墓誌が出土している。その一つは墓主の李賢が神龍二年（七〇六年）に巴州から長安近辺の関中地域に移され、雍王の身分で埋葬されたことを記す墓誌で、四〇行一六〇〇字である。もう一つは章懐太子の墓誌であり、三三行で一一〇〇字である。

この墓の石槨にもきれいな絵が刻まれている。その内容は男女の侍者、朱雀、飛馬、飛獅子、唐草文、蓮華文と雲文などがある。

この墓にも壁画があり、その内容は懿徳太子墓とよく似ている。墓道の両側にはそれぞれ四つの絵が描かれている。東の壁には出行図、客使図、儀仗図と青龍図がある。西の壁には馬球図、客使図、儀仗図と白虎図がある。

出行図は高い白い馬に乗る人が数十人の侍者に囲まれて走っており、その後には馬球と駱駝隊である。中央の高い馬に乗る人は墓の主人だと考えられている。

馬球図は二十数人の人が馬に乗って、馬球をしている場面である。馬球は古代の波斯（ペルシア＝イラン）に起源するものであり、太宗・李世民の提唱によって、唐代の宮廷と貴族の間に流行していた。この馬球図は唐代の馬球を知るうえで貴重な資料である。

客使図は東と西の壁に描かれている。各壁に六人ずつ描いているが、その中の三人が唐王朝の官服を着ているので、唐王朝の鴻臚卿の役人だと思われる。ほかの三人は衣服がそれぞれ異なり、各国から唐王朝に来た使節と考えられている。その中で、東の壁の使節の中に新羅と倭国からの使節があると考えられている。この客使図はいままでに発見された唯一の唐代の客使図であり、唐王朝と各国の頻繁な通行往来の状況が窺える非常に重要な資料である。

この墓の前室と後室の頂部には天体図が描かれている。また、前室の西の壁に女性の侍者が鳥を見たり蟬をとったりする場面を描いて、その画の技法はとても上手である。

3永泰公主墓

永泰公主は中宗の七番目の娘であり、懿徳太子・李重潤の妹である。大足元年（七〇一年）に、兄の李重潤と主人の武延基と共に則天武后に殺された。則天武后が死んだあと、中宗が皇帝になり、神龍二年（七〇六年）、中宗の命令によって永泰公主夫婦の墓は陪塚として乾陵に遷された。

永泰公主墓の構造は懿徳太子墓に似ている。ただし、天井の数は六つしかなく、懿徳太子墓より少ない。墓の長さは懿徳太子墓よりやや短い。

永泰公主墓も盗掘されていたが、一三〇〇点余りの副葬品が出土している。各種の俑のほかに、唐三彩と土製の器や文房具及び家屋・磨・碓・井戸などの模型がかなりの数見付かっている。また、一つの墓誌が発見されている。

この墓の墓道・天井の両側の壁には精緻な壁画が描かれている。壁画の内容は懿徳太子墓とほぼ同じである。

4懿徳太子墓と章懐太子墓の比較

注目すべきことに、唐代の文献が、懿徳太子墓と永泰公主墓は「号墓為陵（墓を陵と号《よ》ぶ)」と記しているのに対して、章懐太子墓は「雍墓不称陵(雍《よう》(王《おう》)墓《のはか》を陵と不称《よばない》)」と記している。つまり、懿徳太子墓と永泰公主墓は陵墓のランクで築かれたのに対し、雍王の章懐太子の墓は太子の墓の規格で築かれたと明記している。そこから、懿徳太子墓・永泰公主墓と章懐太子墓とを比較すれば、その構造と規模の違いから、よく知られていない唐代の陵墓制度の様子がうかがえることになる。対比、整理してみよう。

(1) **墳丘の規模**　懿徳太子墓の墳丘の長さは五八メートルであり、章懐太子墓の墳丘の長さは四三メートルである。

(2) **墓の南に置かれた石像**　懿徳太子墓の陵園の南には石の獅子一対・石人二対・石の華表一対がある。章懐太子墓の南には石羊一対があるが、石の獅子がない(一説によると、石羊の前にはかつて石人二対・石の華表一対があったという)。

(3) **墓の天井の数**　懿徳太子墓には七つの天井があり、永泰公主墓には六つあり、章懐太子墓の天井は四つしかない。

(4) **壁画の「列戟」の数**　懿徳太子墓の墓道に描かれている「列戟」は一組が一二本あるのに対して、章懐太子墓の壁画の「列戟」は一組が七本しかない。

(5) **墓誌と哀冊**　懿徳太子墓の中には墓誌がない。そのかわりに「哀冊」が出た。永泰公主と章懐太子の墓には、哀冊がなく、墓誌がある。

以上の比較によって、同じく「太子」に追封されたものの、「号墓為陵」の懿徳太子の墓のランクが明らかに章懐太子の墓より高い。その原因は、懿徳太子は中宗の長男であり、章懐太子は則天武后の二番目の息子で、中宗の兄弟であることと無関係ではなかろう。唐代には、皇位の継承においては、「嫡長子継承制」を行った。つまり、長男が父親の皇位を継ぐという制度である。それ故に、長男の地位が極めて重要である。唐代には、皇族の中、同じく皇子であっても、厳しい身分制度があった。この制度は生きている時だけでなく死んだ後にも及ぼされた。それぞれ自分の身分によって暮らしたり埋葬されたりしていた。ここから、当時の国家の最高権力者である皇帝が生前にも死んだ後にも、どれほど贅沢であったかが想像できよう。

これまでの調査によれば、則天武后と高宗の合葬墓である乾陵は盗掘されていない。中国の文物法によって、皇帝陵の中に副葬されている文物を厳重に保存するため、現段階では、皇帝陵を発掘しないことになっている。乾陵の中にいったいどれほど国宝クラスの遺物があったかわからない。乾陵は我々にとって謎である。また、我々にとって、乾陵は唐王朝の王権がこれ以上ない高い階級に達したことを示す証拠でもある。また、乾陵は強盛なる唐王朝が残してくれた極めて貴重な文化遺産でもある。乾陵は中国のものでもあれば、世界のものでもある。

東アジア世界の巨大古墳を研究するとき、唐代の皇帝陵は特別な存在である。すでに述べたように、陝西省に分布する一八基の唐代の皇帝陵の中で、高祖の献陵が版築の墳丘をもつ古墳であるほかは、みな山を掘ってできた陵墓である。つまり、山をもって墳墓とするものである。これは秦代、漢代の皇帝陵とは異なる。その原因は古墳を築くに必要とする労働力を節約するためでもあろうが、それよりむしろ王権のこれ以上ない高い権威を見せ、唐王朝の基盤が山のように世々代々に続くという祈りを込めたものであろう。この意味で言えば、乾陵と昭陵は、唐代陵墓の代表である。乾陵は、盛唐期の皇帝陵として、多くの面において唐代の皇帝陵制度の端緒を引く極めて重要な地位と意義をもつものなのである。

（汪勃訳・熊倉浩靖監訳）

韓国三国時代墳墓の高塚化過程について

崔　秉　鉉
韓国考古学会会長・崇実大学校史学科教授

一、古墳と高塚

1墓・墳・塚について

韓国考古学での「古墳」という用語は、日本の古墳時代の高塚古墳と同義語として使用され、未だ学界の一部ではその意味合いで使われている。しかし一九八〇年代以後の韓国では、原三国時代以来の墳墓や古墳に対する調査研究が活発になるとともに韓日古墳文化の展開過程による差異点が浮上することによって、古墳文化に関する用語の選択と定義が一層厳しさを増している。

まず韓日古墳文化の展開過程に差があることから、韓国学界での「古墳」は日本のそれとは異なって全く曖昧に使用されるため、韓国では古墳という用語を破棄し、従来「古墳」に含まれたものを「大型墓」や「高塚」として区分しなくてはならないとする主張が提起された。ここでいう「大型墓」とは地下の埋葬主体部が大型化し、大量副葬が行われ、地上の封土つまりマウンドは残存せず、あるいは小型のものを指し、「高塚」は埋葬主体部の上部地上に〝高大〟な封土が築造されたものを意味する。

これに対し、古墳という用語の親熟性などを挙げての反論があったが、主に嶺南地方の古墳研究者を中心に辰韓・弁韓以来、新羅・加耶の墳墓で死体を安置した棺・槨・室のように、埋葬主体部を包蔵する施設の発達過程を墳墓→古墳→高塚と段階化し、あるいはさらに単純化して墓→墳→塚と提唱している。ここでの「墓」は、一般的に棺・槨・室の種類や墳・塚の有無、またその形態とは無関係に埋葬施設を指す用語として広く使用されているが、厳密には中国古代の墓葬制度で〝不封不樹〟(『易経』系辞伝下)というもので、〝墓而不墳〟、つまり死体を地下に埋葬し、地上には封土を築造せず扁平に造ったものを意味する。「墳」と「塚」はともに封土もしくは墳丘を意味するが、「墳」は〝土之高者〟

（『禮記』）、〃積土〃（『漢書』劉向伝）というものである。さらに広義には「墓」上に築造した〃盛土〃を指し、「塚」は〃高墳〃（『説文解字』）で少し制限を伴い、「墳」のうち〃高大〃であることを意味している。

このように韓国学界での「古墳」とは、埋葬主体部の地上に大小に関わらず封土墳が築造されているか、あるいはかつて存在したと判断されるもの、「高塚」はそのうちの一部で、護石や周溝により確定した墓域にあり、〃高大〃な封土が築造されたものと定義されている。

2 封土墓と墳丘墓、そして古墳の段階化

一九九〇年代以後、韓半島西海岸地方では平面方形、または円形周溝のみが残る周溝墓の調査が行われた結果、周溝が巡る封土墳の頂部に埋葬主体部が設置された墳墓が新たに注目され、原三国時代以来の古墳には埋葬主体部と封土墳の築造前後、および位置関係の異なる2類型があることを認識することとなった。そのひとつに、まず地下墓壙あるいは地面上に埋葬主体部を設置し、その上に封土墳を築造、すなわち先―埋葬主体部設置、後―封土築造の「封土墓」がある。もうひとつは先に地上に封土（墳丘）を築造し、墳頂部

に埋葬主体部を設置、すなわち先―墳丘築造、後―埋葬主体部設置の「墳丘墓」である。

　このような韓国の学界における封土墓と墳丘墓の区分は、日本の学界で、古墳出現の前段階に墳丘を持つ墓としての弥生時代の墳丘墓、そして前方後円墳成立以後の古墳時代の（高塚）古墳とを区分することとは相当な違いがある。しかし日本の古墳時代の前方後円墳も、墳丘と埋葬主体部の築造前後および位置は、弥生時代の墳丘墓の伝統によるという面で共通点があるが、韓国学界では、墳丘墓はこれらを統合する概念として使われているといえる。

　すなわち韓国での封土墓と墳丘墓は、封土（墳丘）の大小や時期とは関係なく、原三国時代以来の築造されたすべての古墳を指す。そのため「封土墓」や「墳丘墓」のなかで、低く小さな封土や墳丘が築造され、あるいは築造されたと思われる古墳を「低封土墓」・「低墳丘墓」、護石や周溝が巡り、高大な封土や墳丘を築造した古墳を「高塚」として区分する。このため筆者はかつて、原三国時代以来の古墳の変遷を「低封土墓→（封土）高塚、低墳丘墓→（墳丘）高塚」と段階化することができると提案した。

　ところが学界の一部では、未だに「古墳」を日本での（高塚）古墳と同一視する傾向が残り、原三国時代より後の三国時代の古墳を〇〇墓と呼ぶことに抵抗がある。特に低墳丘墓や墳丘高塚を墳丘墓と総称する場合、用語上では日本の弥生時代の墳丘墓との区別がなく、韓半島の古墳文化やその歴史的な発展過程を歪曲しかねないという指摘もある。これらの傾向を勘案し、筆者は韓半島における古墳の段階化用語を次のように修正し、併用することが可能であると考える。

○封土墓（または封土式古墳）‥低封土墓（または低封土式古墳）―（封土式）高塚古墳
○墳丘墓（または墳丘式古墳）‥低墳丘墓（または低墳丘式古墳）―（墳丘式）高塚

二、封土墓の高塚化

1馬韓―百済の封土墓

韓半島中西部地方で調査された、墓壙に周溝が巡る原三国時代の周溝土壙墓は、元来、低封土墓であったと思われる。天安清堂洞遺跡をはじめ、公州下鳳里遺跡、清州松節洞遺跡など忠清南・北道の数箇所の遺跡が調査され、最近では京畿道にも及んでいる。周溝土壙墓は主に傾斜の緩慢な丘陵地の斜面に立地している。調査当時は封土が残らず、墓壙やその上部、つまり丘陵地の高い場所で弧状に残る周溝のみが発見された。墓壙内には木棺または木槨が安置されたが、原三国時代の嶺南地方のように、時期的に木棺墓や木槨墓の段階には区分できない。およそ木槨墓が優勢ななか原三国時代後期に木槨墓が併用されることもあり、清州松節洞遺跡のように木槨墓が有力な地域もある。墓壙は浅いものが多いが、その場合、木棺や木槨を被覆する浅い封土の存在が必須である。墓壙が深い場合、内側には墓壙上部に積み上げられていた封土が陥没した痕跡がある。丘陵地の傾斜面に立地する周溝土壙墓の周溝は大半が眉型、あるいは弧状となって残るが、稜線部や頂上部で調査される場合、周溝が隅丸方形をなす例がある。このことから中西部地方の周溝土壙墓は元来、隅丸方形の周溝内に低めの封土が築造された、低封土墓であったことは明らかである。

このように、元来は周溝低封土墓であった中西部地方の周溝土壙墓は、各地に及ぶ馬韓勢力の墓制のひとつであったと考えられる。しかし時代が下ると、周溝が消滅し、埋葬主体部が竪穴式石槨へと変化するなど、ソウル江南を中心地とする漢城期百済の地方古墳となっていった。ところが、これらが三国時代に高塚化する例は発見されていない。

漢城期百済の中心墓制は、ソウル江南に存在した「木棺封土墳」（葺石墳丘墓）と基壇式積石塚であった。西紀三〜四世紀に編年される「木棺封土墳」は、封土墓ではなく、墳丘墓という見解があるが再検討が必要である。調査された例では直径一五〜三八メートル、高さ二メートルを大きく上回るような規模ではなく、これらのうち高塚へと発達したものが存在したとはいい難い。百済の基壇式積石塚のうち、石村洞3号墳は高さ四メートルに及ぶ積石墳丘高塚であるが、一辺の長さ五〇メートルに比べれば、あまり高さのある方ではないといえる。

一方、京畿道の華城馬霞里や清原注城里遺跡など、漢城期百済の地方古墳群では横穴式石室墳も築造されているが、石室の側壁は地下に造られ、天井部は地上に築かれて浅い封土で覆われたとみられる。百済石室墳にみられる低封土の伝統は熊津期にも引き継がれ、そして泗沘期の石室は天井部まで地下に入り、やはり高大な封土は築造されなかったと判断される。

以上のように、漢江流域と中西部地方の馬韓―百済古墳では、低封土の伝統が強く、高句麗系であるソウル江南の基壇式積石塚以外に封土式高塚への発展はみられなかったものと考えられる。おそらく漢城期には楽浪古墳、熊津期には中国南朝文化の影響と関係があったのであろう。

2 辰・弁韓―新羅・加耶の封土墓

原三国時代の嶺南地方に築造された辰韓・弁韓の（土壙）木棺墓や（土壙）木槨墓も、本来は低封土墓であったと推定される。慶州朝陽洞遺跡、東萊福泉洞遺跡、金海大成洞遺跡など、嶺南地方の原三国時代前期の（土壙）木棺墓や後期の（土壙）木槨墓では、発掘当時、封土は残っていなかったが、本来の墓壙内には築造された上部の封土が陥没していたことは周知の事実である。これらは西北韓で古朝鮮に当たる楽浪の（土壙）木棺墓や（土壙）木槨墓と系譜的に関連しており、方形平面の高さのない封土墳であったと思われる。最近、慶州徳川里において嶺南地方では初めての、周溝の巡る（土壙）木槨墓が調査され、注目を浴びている。

嶺南地方の（土壙）木槨墓は、西紀三世紀後半以後になると埋葬主体部が大型化し、新羅式木槨墓など地方色が濃くなっていく。そのうち東萊福泉洞の四世紀後半の大型（土壙）木槨墓では、墓壙内部に陥没した封土層から復元された、封土の本来の高さは二メートルを超えなかったと考えられる。四世紀代の大型（土壙）木槨墓もそれ自体から高塚化はなされなかったと判断される。

嶺南地方での封土式高塚の登場は、慶州にみられる新羅の積石木槨墳からである。新羅の積石木槨墳は埋葬主体部に木槨を設置し、木槨の周囲や上部に川石で護石を積み上げた半球形円墳が基本型であるが、円墳二個を合わせた瓢形あるいは双円墳も存在する。単独円墳のうち、最大規模を誇る慶州鳳凰台古墳は、直径八〇メートル、高さ二〇メートルである。円墳二個が南北に連接する瓢形墳である皇南大塚は、東西直径八〇メートル、南北長さ一二〇メートル、高さ二二メートルに達する。新羅の積石木槨墳の封土直径や高さの比率はおよそ四対一である。

新羅の積石木槨墳は四世紀後半に出現し、六世紀前葉まで首都慶州に築造されたが、積石木槨墳の起源に対する見解は大きく二つに分かれる。ひとつは内部発生説で、最近の見解では前時期の（土壙）木槨墓の墓壙壁と木槨の間に粘土を充塡する方式から石を充塡する方式へと変化し、木槨天井上にも積石し、積石封土墳を築造している。また木槨と積石で築かれた埋葬主体部を地上化させ、大形高塚に発展したとする（土壙）木槨墓からの自然発展説がある。

しかし、低封土墓である前時期の嶺南地方における（土壙）木槨墓から高塚である慶州の積石木槨墳への変化には、突然ともいえる積石封土墳や円形高大封土の出現という飛躍がみられる。自然発展説では（土壙）木槨墓や積石木槨墓間のそのような飛躍を説明するのは不自然である。さらに新羅の積石木槨墳は、南ロシア草原地帯のスキタイ木槨封土墳、中央アジアのアジアサカの積石木槨墳、アルタイ－モンゴル地方匈奴の積石木槨墳のように、北方アジア木槨封土墳との関連のもとに出現したとする北方起源説がある。筆者はこの説を支持し、具体化した主張を明示した。

現在までに発掘調査された古墳のうち、もっとも早い時期の超大型積石木槨墳の高塚は四世紀末～五世紀初の皇南大塚南墳であるが、筆者は、四世紀後半から慶州に積石木槨墳の大型高塚が築造され始めたと考える。しかし、東萊福泉洞古墳群や金海大成洞古墳群でみられるように、他の嶺南地方では四世紀末まで埋葬主体部が大型化しているものの、封土は低封土大型木槨墓や竪穴式石槨墓が築造されるに留まっている。

嶺南地方で慶州の次に高塚が出現するのは、大加耶の中心地であった高霊地域である。池山洞35号墳によると、それは五世紀初期に始まり、埋葬主体部は竪穴式石槨となっている。以後、嶺南地方には洛東江東側の新羅の領域はもちろん、西側の加耶地方各地に社会の成熟度による時差をおいて高塚が築造され、五世紀の嶺南地方は高塚が大きく流行する時期を迎えていたのである。

三、墳丘墓の高塚化

韓国学界での「墳丘墓」という用語は、一九八〇年代以前にも使用されていたが、「封土墓」と対比する概念で定義され始めたのは、一九九〇年代に忠清南道の保寧寛倉里、全羅北道の益山永登洞などで周溝のみが残る方形、あるいは円形の「周溝墓」が調査されたことによる。以後、周溝の巡る低墳丘墓が調査されるにつれ、周溝墓も本来は低墳丘墓であったが、墳丘の間に設置された埋葬主体部がすべて流失した事実が判明した。墳丘墓は基本的に周溝を備えた墓制である。

ところで高塚の場合、その区分が比較的明確であるものの、低墳丘墓には地上に浅く積まれた墳丘の中に木棺や木槨のような埋葬主体部を設置し、その墓壙下端部が旧地表下に入り込んでしまった例は珍しくない。墳丘が流失した遺構の残存状態では、一見して中西部地方の墓壙の浅い周溝土壙墓と区分しづらいものがある。しかし、古墳の分布立地や周溝の形態、周溝と墓壙のレベル関係、埋葬主体部の追加設置や墳丘の拡張状態などにより、これらの区分は可能となる。

韓半島において、周溝墓を含む墳丘墓は現在までに金浦半島の仁川東洋洞遺蹟を最北端とし、その南側へ西海岸に沿って全羅南道の栄山江流域や小加耶領域であった慶尚南道の固城地域まで分布している。西海岸や栄山江流域の墳丘墓は百済とは区別される、本来馬韓の墓制のうちのひとつであったと判断されるが、黒陶短頸壺が出土した霊光郡洞周溝墓の例からみて、韓半島で墳丘墓が出現する時期は紀元前二世紀まで遡る。起源に関しては、中国春秋・戦国時代、秦の圍溝墓と関連させることもあるが、最近は江原道の春川泉田里、忠清南道の舒州烏石里などで平面長方形の周溝が巡る青銅器時代の石棺墓が調査され、今後はこれらとの関連性に注目する必要がある。

周溝墓をはじめとする墳丘墓の埋葬主体部は、本来墳丘内に木棺を安置していた場所であるが、地域により墳丘形態や拡張過程、埋葬主体部の構造などが異なる変遷を遂げた。昨今、忠清南道瑞山機池里や富長里で発掘された墳丘墓は、百済様式土器など、すでに百済系遺物が副葬されており、漢城期百済の地方古墳ながら在地的な墳丘墓となって埋葬主体部を水平的、垂直的に追加し、墳丘もやはり水平的、垂直的に拡大していった。五世紀代、漢城期百済に編年される富長里墳丘墓では、墳丘の高いものと低いものがあるが、そのうち1号墓は一辺の長さが二七メートルの方台形墳で、高さが三・三メートルに達している。これは栄山江流域を除く百済地域ではもっとも高大であり、韓半島中部の西海岸地方で墳丘墓が次第に高塚化していく状況を示している。全羅北道の完州上雲里遺跡でも、時期的には漢城期百済に属する大型墳丘墓が調査されたが、一種の粘土槨内に木棺を安置する埋葬主体部の構造が特異であり、垂直的な埋葬主体部の追加が甚だしい。

韓半島において、墳丘墓がもっとも遅くまで活発に築造されたのは栄山江流域である。栄山江流域では多様な形態の墳丘墓が築造されたが、初期のものは周溝の巡る平面方形、あるいは円形の低墳丘墓であり、埋葬主体部は木棺を使用した。ほとんどが四世紀以後、墳丘平面が梯形に変化し、水平的に墳丘を拡張していくが、埋葬主体部は木棺と大型甕棺のように使用され、次第に大型専用甕棺へと変わり「甕棺古墳」へと発展していく。墳丘の規模も時期が下がり、少しずつ大型化して高さを増していったが、五世紀中葉までは長軸の長さが三〇メートルを超すものでも、高さが二・五メートルまでであり、本格的な高塚化はなされなかったものと考えられる。

しかし五世紀後半になると、栄山江流域の墳丘墓は一変して高塚化し、墳丘形態も方台形墳、円台形墳、前方後円形墳と多様化する。埋葬主体部も方台形墳、円台形墳は専用甕棺が一般的であるが、そのうちの一部は横穴式石室であり、前方後円形墳はすべて横穴式石室となっている。なかでも専用甕棺は、栄山江流域では前時期から発展していた在地的なものであったが、横穴式石室はこの時期から新たに出現したものである。これを百済系とする見解もあるが、前方後円形墳丘とともに日本列島系と推定され、特に九州型石室との関連が注目される。

甕棺古墳は、韓半島三国時代の栄山江流域の特徴的な古墳であり、多葬低墳丘墓から高塚化するが、その規模は直径四五メートル、高さ九・二メートルに及ぶ巨大な高塚まで存在する。このような巨大墳は百済の中心部には存在しておらず、この地域に百済とは区別される強力な在地勢力が存在したことを意味している。

ところで、栄山江流域古墳の高塚化は、前時期の低墳丘墓から漸進的に成立したとするよりも五世紀後半になって突如として高塚へと飛躍する現象を示唆している。高塚としての飛躍とともに前方後円形墳丘や九州型石室など、日本列島系の要素が登場するのである。このような視点から、甕棺古墳の円台形・方台形高塚墳丘も、前時期の梯形低墳丘から次第に発展したのではなく、むしろ外部からの刺激による結果ではなかったか、さらなる検討が望まれる。

栄山江流域では、六世紀中葉から扶餘陵山里式百済石室が築造されたが、封土は部分的に墳丘墓の伝統がみられるものの小型の半球形封土へと転換する。

韓半島での墳丘式高塚は、松鶴洞古墳など東部の慶尚南道固城地方にも築造されているが、やはり石室構造など日本列島系要素を伴う。最近の発掘調査では、百済の金銅冠帽などが出土して、広く知られた全羅南道の高興安東古墳も墳丘式高塚であり、石槨構造や出土遺物に鑑みて、やはり日本列島系要素の強いものと判断されるのである。

まとめ

韓半島南部地方の原三国時代以来の古墳を、埋葬主体部ではなく封土に焦点を当ててみると、大きく2類型、すなわち封土墓と墳丘墓に分けて展開した。封土墓は馬韓地域の周溝土壙墓、辰・弁韓地域の（土壙）木棺墓や（土壙）木槨墓と称される低封土墓に始まるが、これらは続く百済の土壙墓・竪穴式石槨墓や横穴式石室墳も低封土墓の伝統を維持している。さらに三世紀後半以後に大型化する新羅式木槨墓や、金海大成洞など加耶の木槨墓も低封土墓の伝統を残している。

しかし四世紀後半、新羅の首都慶州に封土式高塚である積石木槨墳が出現し、続いて五世紀に、嶺南地方の新羅・加耶古墳は高塚現象をみせるが、封土式高塚である積石木槨墳の慶州での出現は前時期からの漸進的発展の所産というよりは突然の飛躍として理解され、その背景には外部からの刺激があったと推測される。

墳丘墓は馬韓墓制の一種として、主に韓半島西海岸に沿って分布しており、埋葬主体部は元来木棺であったが、忠清南道瑞山地域の墳丘墓などでは自然な高塚化がみられる。栄山江流域での墳丘墓は、多葬の甕棺古墳へと発展し、五世紀後半には方台形、円台形、前方後円形など多様な形態の墳丘式高塚が登場することになる。栄山江流域における、このような高塚は前方後円形墳丘・九州型石室など、日本列島系要素と同時に登場することが注目され、その要素を伴う墳丘式高塚は、南海岸に沿って東部の慶尚南道まで分布している。

古墳にみる百済の勢力変化

全南大学校博物館館長・人類学科教授
林　永　珍

はじめに

百済は東北アジアの古代社会において、かなり重要性の高い国家であると認められているが、建国に関わる諸問題をはじめ、初期の領域、地方との関係、馬韓の併合過程など、未だ解決されていない問題も少なくない。

百済の建国と直結する問題は、建国の主導勢力が高句麗系か夫余系か、ソウル周辺に高句麗系の積石塚が築造され始めた時期は建国当時かあるいは後代か、またソウル江南地域では土壙木棺墓のような非積石塚系古墳を築いた先住民らが、積石塚を主とする高句麗系勢力の登場以後、どのような変化を経たのかなど、今もって十分に解決されていない。

さらに百済の中心地と周辺との関係においては、百済の領域がどの時点にどの地域までどのような過程を経て拡張され、その領域に対する統治はどのような方式で行われたのか、最後の馬韓ともいうべき全羅南道地域がいつどのような過程を経て併合され、どのような統治方式が適用されたのかなど、より具体的に論議されるべき課題がある。

ここでは、かつて百済の領域であった、現在の京畿道、忠清道、全羅道地域において調査された大形古墳を中心に、ソウル江南地域から本格的な古代国家として出帆した百済が、どのような過程により領域を拡張していったのかについて検討する。

一、百済建国以前の馬韓の古墳

百済の建国期に関しては未だ論議が尽きないが、筆者は漢城期百済がソウル江南地域において出帆した時期は三世紀中葉頃とみている。漢城期百済が出帆した当時、京畿道、忠清道、全羅道は馬韓の圏域であり、土壙木棺墓や小形甕棺墓を基本墓制としていたが、広くは漢江流域圏、牙山湾圏、錦江流域圏、栄山江流域圏に区分され、圏域によって若干異なる様相をみせていた。

ソウルを中心とする漢江流域圏では、細形銅剣文化期以後、目立った勢力の存在は確認されていない。その理由は、この地域が西北の漢郡県、東の嶺西靺鞨、南の馬韓による三つの勢力間における緩衝地帯として放置されていたためである。二世紀後半頃から石村洞3号墳東側最下層において土壙木棺墓が築造され始めるが、漆器、深鉢形土器、短頚壺などの出土遺物から、その主人公は西北韓から南下してきた移住民である可能性が高い。これらは漢郡県勢力の弱化に乗じて、当時の三勢力間の空白地帯となっていたソウル江南地域に進出したものと考えられる。三世紀初めになると、可楽洞1・2号墳など葺石墳丘墓が登場するが、その規模や出土遺物から、主人公は相当な勢力者であったことが推測される。葺石墳丘墓は地上埋葬、追加葬による多葬などの特徴を持つが、これらは、忠清道、湖南地域の墳丘墓と相通じるもので、広義には馬韓で流行していた共通の特徴であるといえる。

牙山湾に沿った忠清南道西北部は、細形銅剣期から重要な地域として発展し、二〜三世紀には土壙木棺墓が隆盛した。清堂洞遺跡からは環頭大刀・環頭刀子といった鉄製武器や、馬形帯鉤・曲棒形帯鉤・金箔ガラス玉など、同時期の他地域ではみられない威信財が出土しているため、当時の馬韓の核心地域であったと推定されている。

錦江を挟んだ忠清南道と全羅北道地域では墳丘墓が隆盛していた。墳丘墓の起源や出現時期については論議が続いているが、全羅南道霊光で調査された紀元前後頃の土壙木棺墓が、整然とした周溝を備えているため、すでにそれ以前から周溝を伴った墳丘墓が築造されていたとみるべきであろう。

栄山江流域圏では、青銅器時代に支石墓が隆盛していたが、紀元前後頃からは周溝のある古墳が現れ始めた。これは、この地域が錦江流域圏とともに、墳丘墓を特徴とする同一の馬韓文化圏に属していたことを示すものである。

二、積石塚の登場と百済の建国

百済の建国勢力は夫余系であるとみなし、ソウル江南一帯で調査された土壙木棺墓をその証拠として提示する見解もあるが、それらの土壙木棺墓は構造や出土遺物の様子が西北韓地域に繋がるものであるため、夫余系とする根拠とはしがたい。

百済がソウル江南地域で本格的な古代国家として出帆したということは議論の余地がなく、これを立証する墓制は巨大な積石塚である。ソウル地域の積石塚は、高句麗式、百済式、靺鞨式に区分され、百済の建国過程と密接に関連している。

高句麗式積石塚は、墳丘内部の基底部から積石された純粋な高句麗式積石塚であり、その主人公は、高句麗から南下した勢力者である。百済式積石塚は、外部に露出する部分のみ積石をし、その内部は粘土を詰めることで外形のみを高句麗式積石塚に類似させたものである。また埋葬施設は木棺（木槨）で大きく異なり、その主人公は現地先住民の有力者である。靺鞨式積石塚の内部は天然の砂丘であり、外部のみ積石をして墳丘上部に石槨を設けたもので、その主人公は嶺西靺鞨勢力者である。

ソウル地域の積石塚のなかで、典型的な高句麗の積石塚と直結するものは、漣川三串里とソウル石村洞の高句麗式積石塚のみである。早い時期に相当する漣川三串里積石塚と石村洞1号墳はすべて連接墓であり、敷石方墳が付加されている点で共通している。高句麗の積石塚のうち、そのような要素が共通して表れているのは鴨緑江以南地域のみであり、鴨緑江以南の積石塚築造集団が南下した可能性が最も高い。

これらは高句麗の内部事情によって集団移住したもので、集団移住の契機は遷都、王権交替や王権確立、領域拡大など大きな政治的変化と関連すると思われるが、考古学的にはどの状況に該当するのかを把握することは困難である。

これらの南下時期は、中部地域における積石塚の中で最も早い漣川三串里積石塚が二世紀後半~三世紀初め頃に編年されるため、二世紀中葉頃と推定し、当初は臨津江流域に下ってきたのが、三世紀中葉頃にさらに漢江以南に南下したものと思われる。漢江以南への二度目の移住背景についても、考古学的には詳論しがたいが、歴史的にみると楽浪や靺鞨との度重なる戦争のためであった可能性が大きい。

短期間、臨津江流域に留まっていた高句麗系移住民たちが、ソウル漢江以南の地域に定着するということは、歴史的には百済の本格的な建国を意味するものである。高句麗系移住民は高句麗の発展した文物や国家体制を経験していたため、自力による古代国家の建国は不可能ではなかったはずであるが、百済式積石塚からも分かるように、既存の先住民と連合して本格的に百済を建国したものと思われる。

ソウル江南地域において、葺石墳丘墓と高句麗式積石塚にそれぞれ代表される、先住民集団と高句麗系移住民の集団が連合することによって百済が建国されたとする考古学的な見解は、沸流と温祚に表される二つの勢力が楽浪と靺鞨の脅威の中、共同防御という目的の下に連盟を形成したとする歴史学界の見解とも一脈通じるものである。

三、古墳にみる百済の発展

三世紀中葉頃、臨津江流域からソウル江南地域に南下し、現地の先住民を糾合して本格的な百済を誕生させた高句麗系の百済建国勢力は、新たな都城として風納土城を築造するなど、古代国家として備えるべき土台を固める一方、西北韓の漢郡県や西南韓の馬韓、東側の靺鞨など周辺勢力との競争により領域を拡張していった。

三世紀中葉からソウル近隣の渼沙洞遺跡では既存の嶺西靺鞨の要素が消えて百済要素が現れ始め、四世紀初めからは漢江上流域において靺鞨式積石塚は築造されていないため、漢江を超えた領域拡張がまず成し遂げられたのであろう。また、天安や清州など牙山湾から続く忠清道内陸の、馬韓の核心地域においても、三世紀末からは既存の土壙木棺墓の副葬品の組合せが崩れ、卵形土器のような百済土器が加わるなど、百済の影響圏に入っていく証拠が認められるようになる。

百済の発展過程は、中央の古墳と地方の古墳の両方に反映されている。中央においてはソウル石村洞3号墳のような巨大積石塚が築造されており、東晋をはじめとする中国南朝の文物が導入されている。石村洞3号墳は、一辺の長さが五〇メートルに達するが、その規模と東晋代の青磁の年代からみて四世紀後半に該当する近肖古王の陵とする見解が一般的である。近肖古王は百済漢城期において最も活動旺盛な王であったため、ソウル周辺域で最大規模の石村洞3号墳がその陵であるという見解は、年代問題とともに至極妥当であると考える。

地方では、馬韓の中心圏であった牙山湾圏や錦江流域圏は、すべて三~四世紀代の土着勢力の存在が確認される土壙木棺墓、石槨墓などの墓制が存在するが、その規模から判断し、これらが百済と区分される独自の勢力を形成していたとはみがたい。しかし栄山江流域圏では、咸平萬家村古墳群、霊岩始終古墳群、羅州潘南古墳群などから分かるように、四世紀代以後にも大形甕棺古墳が発展し、他地域とは異なる状況にあったとみられるが、この問題については後に言及することにしたい。

百済漢城期の中心地であるソウル江南一帯には、積石塚だけではなく横穴式石室墓が存在する。このうち石室墓が百済漢城期に使用されていたのかどうかについては、少なからず論議されてきた。この問題について筆者は、ソウル可楽洞と芳夷洞一帯の石室墓はその構造から新羅周辺地域の石室墓と関連があり、出土遺物もまたそうであることから、その主人公は新羅に併合された加耶系の勢力者であり、新羅に編入された各地方勢力者に対する管理政策の一面を反映したものであると把握している。

しかし百済漢城期にも、周辺地域では石室墓が使用されていた。近年に調査された公州汾江楮石里、華城馬霞里、清州主城里、清州新鳳里、清原芙江里、原州法泉里などの石室墓は、百済の公州遷都以前に該当するもので、漢城期百済の周辺地域にまず石室墓が導入された証拠である。特に公州水村里では石室墓の枕向が一定ではないという点と、土壙木槨墓、横口式石室墓と共存している点、1号木槨墓と2号木槨墓、4号石室墓と5号石室墓の被葬者が夫婦と推定される点などから、この古墳の主人公を現地の土着勢力とみている。

このような漢城期の石室墓は、熊津期の石室墓とは異なって集中しておらず、土壙木棺墓や石槨など、他の既存の古墳と共存しながら四世紀後半頃から広範囲で散発的に現れているという点で、地域ごとに相当な勢力を率いた首長たちが使い始めたものといえるだろう。地域圏の首長たちが新しい石室墓を競って使い始めた背景には、当時、彼らが中央と一定の関係を維持しながらも、ある程度の自律権を持っていたためとみられ、金銅製品、馬具、陶磁器など新しい文物の受容がなされたのも、同じ脈絡であると考えられる。

百済の最高支配勢力は、漢城期の間は積石塚を使用し、熊津期からは石室墓を採択するようになったが、その背景は単純ではない。漢城期の最高支配勢力が熊津に南下し、現地の土着勢力が使用していた石室墓を採択したのであるとすれば、最高支配勢力の位相は低くなり、相対的に土着勢力の影響力が大きくなったものとみなければならないだろう。一方、漢城期の最高支配勢力が熊津期の最高支配勢力に引き継がれたのではなく、石室墓を使っていた現地の土着勢力が浮上したのだとすると、石室墓の使用は当然のことである。

熊津期初期の王が、数年の間に続けざまに交替したという文献記録から勘案すると、漢城期の支配勢力が南遷して熊津期の支配勢力を形成したのだとしても、その影響力はそれほどではなく、相対的に現地の土着勢力が重要な役割を果たしたものと推定される。

熊津期の中葉に該当する六世紀初めからは、中国南朝の代表的な墓制である塼築墓が受容され、最高支配勢力によって使用され始めた。武寧王陵はその代表的な例であり、百済の復興を図った武寧王が、中国南朝との交渉の過程で採択した新たな墓制である。武寧王は中国の梁に使臣を送る一方、百済は高句麗に敗れ衰弱するが、その間、高句麗を何度も撃退し、再び強国となったことを強調した。これに対し梁は、武寧王を〝行都督百済軍事鎮東大将軍百済王〟に冊封した。このような記録内容と、武寧王陵をはじめとする公州一帯の塼築墓は、百済最高支配勢力の確固たる位相を物語っているといえる。

しかし武寧王陵以後、百済の最高支配勢力の古墳をみると、その規模において既存の古墳に及ばないものであることが分かる。武寧王陵の場合のみをみても、封土の直径は約二〇メートルに過ぎず、一辺の長さが五〇メートルに達する石村洞3号墳のような建国初期に該当する古墳とは比較にならないほどに小さくなっているのである。このような状況は、大形古墳の築造に伴う国力の浪費を縮小しようとする政策が、古代国家の発展とともに定着したためであろう。

四、栄山江流域の古墳と百済の関係

栄山江流域では、六世紀初めまで土着的な甕棺墓や栄山江式石室墓が発展した。羅州潘南一帯には相当な規模の墳丘を持つ古墳が密集しているが、栄山江流域の古墳は四世紀代まで水平的な墳丘拡張がなされ、五世紀代から垂直的な拡張が始まるにつれて巨大な威容を持った古墳が登場するようになった。

このような現状に対する歴史学界の見解をみると、『日本書紀』神功紀皇后四九年条の関連記事に基づき、百済近肖古王二四年（三六九）に栄山江流域の馬韓社会は解体したということを大前提としている。五世紀後半頃から既存の甕棺古墳に取って替っていった石室墓は、当時の百済の中心地域で流行し始めていたものと同一であるとする判断の下、五世紀代まで持続した土着甕棺墓の発展は、百済の間接支配によって現れた地域的特徴であり、五世紀後半からの直接支配に伴い百済の中心地域から派遣された官吏たちによってそれらの石室墓が導入されたものと要約されている。

しかし栄山江流域で調査された石室墓のうち、羅州伏岩里3号墳の九六石室をはじめとする栄山江式石室墓は、百済の石室墓とは少なからぬ差異をみせており、六世紀初めまで隆盛した。立地、構造、副葬品など幾つかの特徴が、先の段階に該当する甕棺墓の場合と相通している。特に羅州伏岩里3号墳のように、石室内に甕棺が入っている例もあるという点では、百済の石室墓と関連があるとはいい難い。

栄山江流域では六世紀中葉頃から百済式石室墓が登場するとともに、その分布範囲は全羅南道全域に渡り、百済滅亡までの変化についても一致する。

したがって栄山江流域圏を中心とした全羅南道地域は、百済の石室墓が波及し始める六世紀中葉頃に百済に統合されたとみるのが合理的であろう。栄山江流域では長鼓墳（前方後円形古墳）が五世紀後半から六世紀中葉まで築造されたが、研究者によってその被葬者や築造背景に対する論議は継続しているものの、当時この地域が百済とは区別される独自性を維持していた地域であったために築造が可能であったという点では見解が一致している。

結　語

これまで百済圏域に該当する京畿道、忠清道、そして全羅道地域の古墳のうち、比較的規模の大きい積石塚や石室墓、甕棺墓などから、百済の建国と発展過程を検討してきた。その結果、既存の通説とは異なる新たな可能性を見出すことができた。その核心は百済建国以前から発展していた馬韓勢力が百済の発展過程に大変重要な役割を果たしたというものである。

これまで百済の発展と馬韓の解体過程に対する研究は、ほぼ大部分が百済の発展という大勢論的な視角、征服国家としての百済という視角からなされてきた。これは、辰韓は新羅に発展し、弁韓は加耶に発展したが、馬韓は百済に発展したのではなく温祚に代表される新しい移住民によって併合されていったという点に起因するものである。

しかしそのような視角では、百済の本質を理解するのは困難である。征服国家である百済は、むしろ征服地域の先住民たちと融化し、その勢力を利用することで韓国の古代国家の中にあって最も水準の高い文化を築いたものと考えられる。今後、百済の文化や社会、政治構造などに対する深奥なる理解のためには、古墳を中心とした考古学的研究がより深く進められなければならないであろう。

〈参考文献〉

姜賢淑、二〇〇〇『高句麗古墳研究』、서울大学校博士学位論文
金元龍・李熙濬、一九八七「서울 石村洞 3號墳의 年代」『斗渓李丙燾博士九旬紀念韓国史學論叢』
盧重國、一九八八『百濟政治史研究』一潮閣
朴淳發、一九九八『百濟 國家의 形成研究』서울大学校博士学位論文
成正鏞、二〇〇〇『中西部 馬韓地域의 百濟領域化過程 研究』서울大学校博士学位論文
李基東、一九八一「百濟王室의 交替論에 對하여」『百濟研究』12

李南奭、一九九四『百済　石室墳墓制의　研究』高麗大学校博士学位論文
李賢惠、一九九七「3世紀　馬韓과　伯濟國」『百濟의　中央과　地方』忠南大百済研究所
林永珍、一九九五『百濟漢城時代古墳研究』서울大学校博士学位論文
林永珍、一九九五「馬韓의　形成과　變遷에　대한　考古学的　考察」『三韓의　社會와　文化』（韓国古代史研究10）
林永珍、二〇〇一「百済の成長と馬韓勢力、そして倭」『古代の日本と百済』大巧社
林永珍、二〇〇四「韓國長鼓墳（前方後円形古墳）の被葬者と築造背景」『考古學雜誌』89-1
崔秉鉉、一九九〇『新羅古墳研究』崇實大学校博士学位論文

高句麗王陵における陵園制

西谷　正
アジア史学会会長代行・九州大学名誉教授
伊都国歴史博物館名誉館長

日本列島において、古代の大王陵クラスの巨大古墳といえば、いうまでもなく最大規模を誇る伝・仁徳天皇陵すなわち大山古墳がよく知られる。そして、その規模の巨大さを示すために、中国の秦・始皇帝陵やエジプトのクフ王・ピラミッドとしばしば比較される。すなわち、墳丘規模だけを見れば、始皇帝陵とピラミッドの一辺がそれぞれ五〇〇メートルと二三〇メートルであるのに対して、大山古墳は五一二メートルと群を抜いている。

一方、高さを見ると、ピラミッドと始皇帝陵がそれぞれ一四六メートルと四三メートルであるのに比べると、大山古墳は三五メートルと最も低い。とはいえ、大山古墳は二重の周濠を持ち、また、数基の陪塚群を配しているので、さらに壮大さを増すものである。ところが、始皇帝陵やクフ王・ピラミッドの場合、墳丘の周囲に付属する諸施設群は、大山古墳の陪塚群をはるかに凌ぐものである。

たとえば、エジプトのカイロ郊外に当たるギザのピラミッド群を見ると、壮大な墳丘本体の周囲には、多数の陪塚群はもとより、葬祭殿・参道・流域殿などがあり、全体としてピラミッド・コンプレックス（複合）を構成し、それらを周壁が取り囲んでいる。言い換えれば、ここにおいて陵園制を見い出すのである。同じように、陵園制は秦の始皇帝陵においても見ることができる。すなわち、墳丘の周囲には、大小多数の建物群を配し、それらを二重の周壁が取り囲んでいる。そればかりか、周壁の外側には兵馬俑坑のほか、陪葬坑や刑徒墓地など関連する遺構群が数多く分布している。

さて、朝鮮半島古代の高句麗では、紀元前後のころから五世紀にかけて、高句麗特有の積石塚が築造された。その間、積石塚は大まかに、無基壇式から基壇式を経て段築式へと構造的に変遷する。最終段階の段築式積石塚は、最も発達を遂げて壮大なものとなる。そのような積石塚の最大規模を誇るものに、太王陵古墳がある。太王陵古墳は、一辺約六二メートルの八段築成の方墳で、高さ約一五・五メートルを測る。

ここで注目したいのは、一九一一年（明治四四）以後、古墳の周囲に土塁がめぐることを指摘されてきた点である（**第1図**）。そして、墳丘の北側では、土塁との間に、五～六基の陪塚群の存在をうかがわせる石塊群が遺存していた。さらに、墳丘の南方約一八〇メートルの地点では、建築跡を思わせる礎石や瓦塼類が出土している。これらの遺構群の存在は、太王陵古墳において陵園をなしていたことを示唆する（西谷　正、一九九七「高句麗王陵コンプレックス」『史淵』第一三四輯、九州大学文学部）。

現在、太王陵古墳では、土塁・陪塚群・建築跡などの遺構群は確認できない。しかし、二〇〇三年に実施された本格的な発掘調査に際して、南辺の周壁に伴うと考えられる門跡、墳丘の南側で陪葬墓や、墳丘の東側で祭台跡・建築跡が新たに検出されたことにより、陵園制が認識された（**第2図**）（吉林省文物考古研究所・集安市博物館、二〇〇四『集安高句麗王陵』文物出版社）。

ところで、太王陵古墳の東北方約四〇〇メートル近くのところには、好太王碑が立っている（**第3図**）。

太王陵古墳では、早くから「願太王陵安如山固如岳」銘塼が出土しており、また、出土する瓦当文様の編年観から考えても、太王陵古墳が好太王の広開土王陵と考える。したがって、好太王碑は広開土王陵に伴うものといわねばならない。さらにいえば、好太王碑には、「守墓人烟戸」のことが規定されているので、近隣の地に陵邑の想定が可能である。

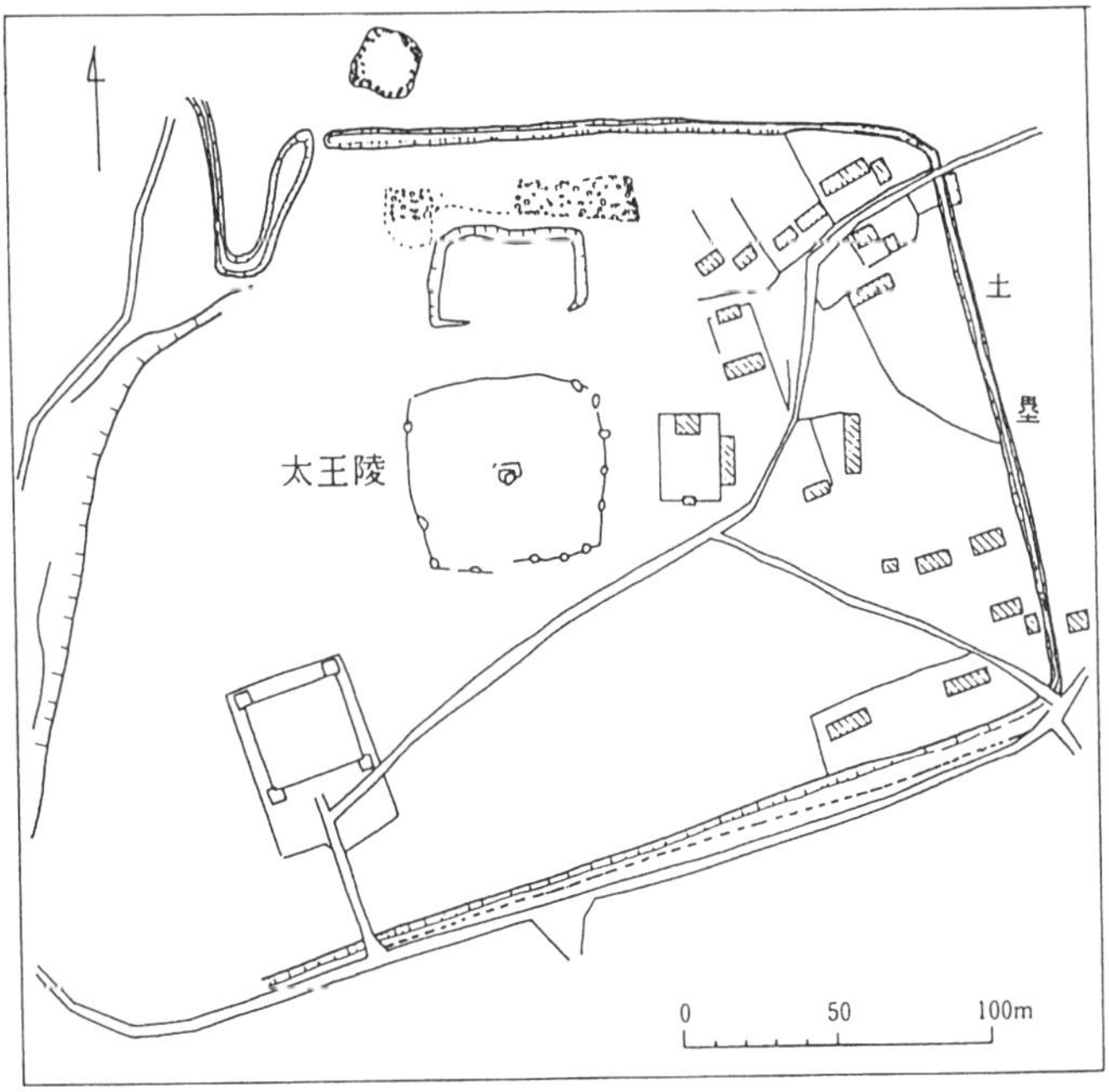

第１図　太王陵陵園（『東洋史論叢』より）

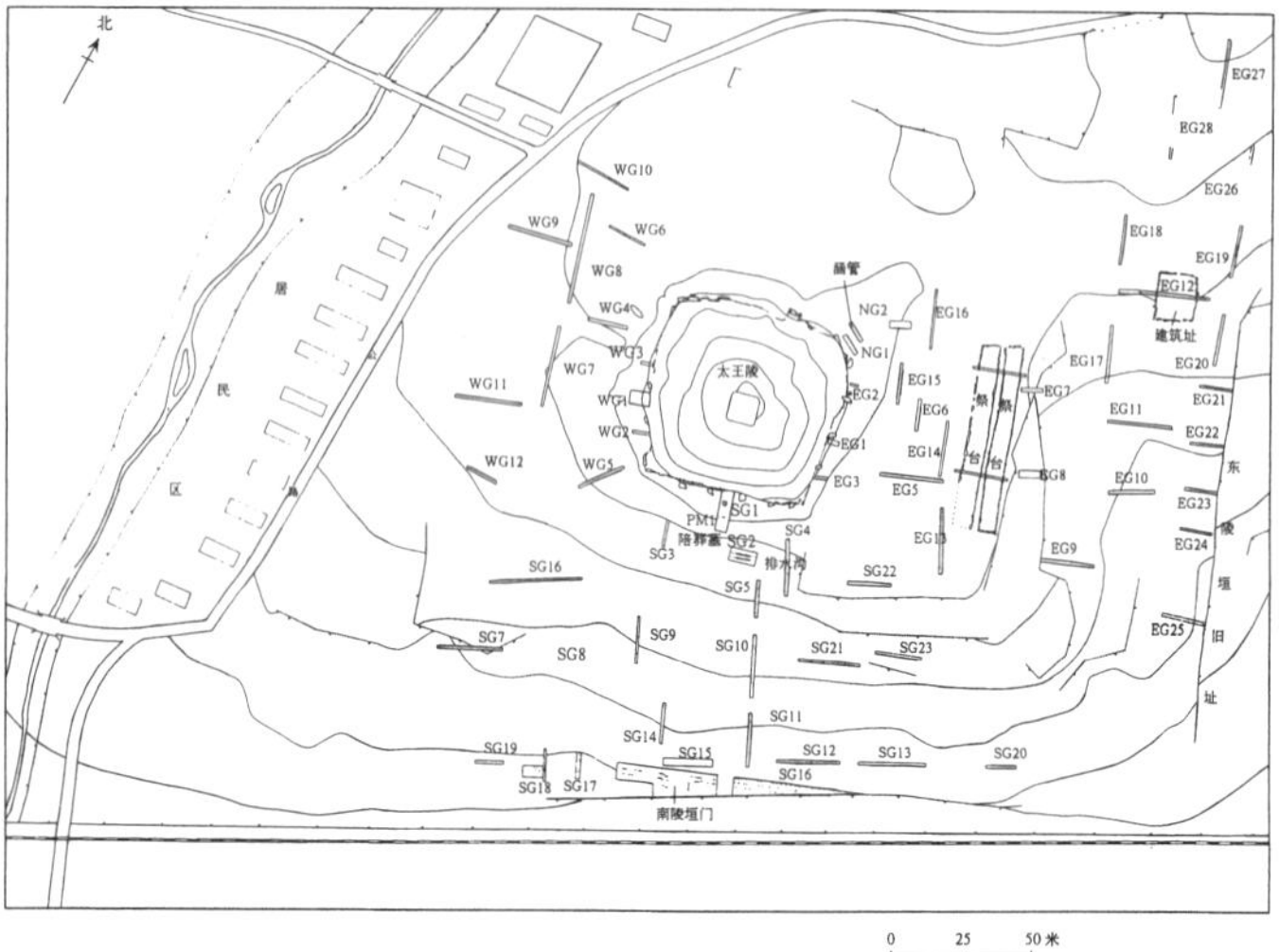

第２図　太王陵と周辺の遺構群（『集安高句麗王陵』より）

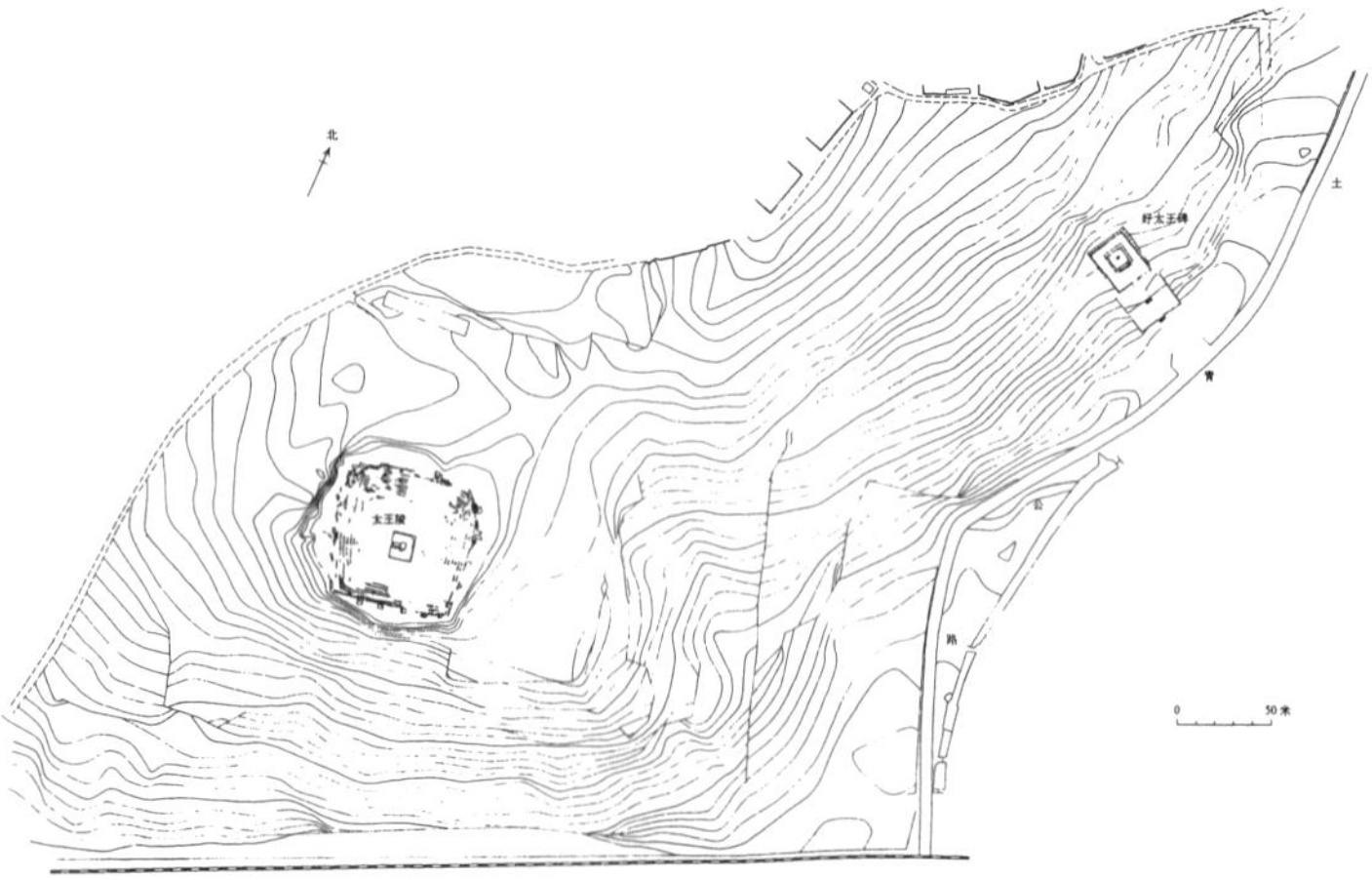

第３図　太王陵と好太王碑（『集安高句麗王陵』より）

好太王碑　　1985年11月撮影

将軍塚　ここでも陵園制が認められる　　1985年11月撮影

パネルディスカッション

東アジア史からみた百舌鳥古墳群の世界的意義について

パネラー　王　仲殊
劉　慶柱
王　巍
崔　秉鉉
林　永珍
上田正昭
白石太一郎
水野正好
コーディネーター　西谷　正
（二〇〇六年一一月二九日　於リーガロイヤルホテル堺）

箸墓古墳の年代

西谷正（コーディネーター）　最後のディスカッションの時間がまいりました。二時間という限られた時間ですけれども、どうぞよろしく進行にご協力いただきたいと思います。中国、韓国、そして日本、また専門分野も考古学と文献史学というそれぞれの立場でご講演を、あるいはご発表をいただいたわけですが、そういったお話を受けて、ただいまからディスカッションを進めたいと思います。

何と申しましても、シンポジウムのテーマが「東アジアの巨大古墳」ということですので、巨大古墳に関していろいろ問題提起がありました。そこで、いくつかの問題点を絞ってさらに深めたいと思います。今回の行事は堺市が政令都市に移行しましたことを記念して開かれておりますけれども、併せて一方では仁徳陵古墳を中心とする百舌鳥古墳群をユネスコの世界文化遺産に申請しようという動きもあります。そういった点についても最後に皆さま方からご意見を承りたいと思っております。

それでは早速ですが、「東アジアの巨大古墳」、普通、巨大古墳といえば五世紀を中心とした時期ということです。かつて森浩一先生が岩波新書で『巨大古墳の世紀』という名著を著しておられますけれども、五世紀が古墳文化、巨大古墳真っ盛りの時期でございます。一方では、五世紀という時期に関して、藤間生大先生がやはり岩波新書で『倭の五王』という書物を著されています。つまり、この時代は東アジアにおいて国際交流がたいへん盛んであったという一面もあります。

水野正好先生のお話のなかにも、この時代は特にお隣の韓国から先進的な技術が渡来人によってもたらされて、どんどん入ってきて、特に鉄などが大きな役割を果たしたとおっしゃっていました。

森先生、藤間先生の驥尾に付して言うわけではありませんけれども、巨大古墳を発掘しますと、この時代に技術革新が非常に進行していますね。そういうことで私は巨大古墳の世紀、倭の五王の時代は技術革新の世紀でもあると日ごろ申しているのですが、そういう時代も一夜にして突然訪れるわけではありません。その先駆け、前史があるわけです。

王仲殊先生が奈良盆地にある箸墓古墳を取り上げられて、その年代の問題、また被葬者について卑弥呼よりも台与ではないかというご説を披瀝されましたが、日本列島における巨大古墳の先駆けという意味では箸墓古墳に象徴される初期の前方後円墳があります。この点について、王仲殊先生からご意見（六二頁参照）があり、そのお話のなかでたびたびお名前が挙がっておりました白石太一郎先生にまずお伺いします。弥生時代の開始の年代もそうですが、古墳時代がいつからかということも大きな問題ですので、箸墓古墳の年代の問題、そして被葬者が卑弥呼か台与か、あるいは弥生時代の墳丘墓に比べて隔絶した現象として突然登場するわけですけれども、できればそのへんの背景まで含めてご発言いただければたいへんありがたいと思っております。白石先生、よろしくお願いいたします。

白石太一郎　王仲殊先生から、先生の現在ただいまの箸墓古墳についてのお考えを聞かせていただきまして、いろいろ勉強させていただきました。王先生から詳しくご紹介いただきましたように、日本では戦後、箸墓はいちばん古い定型化した大型前方後円墳と考えられてきましたが、そうした箸墓に代表されるような定型化した大型前方後円墳が出現する年代は四世紀の初めごろだろうというのが定説だったわけです。それに対して、私はもうちょっと上がるのではないか、どう考えても三世紀の後半まで上げないと説明がつかないことがあまりにも多いということを二〇年ほど前から申し上げていました。

箸墓などの年代が三世紀後半まで上がるとなると、その被葬者としては台与ないし卑弥呼が当然考えられるわけで、そういうことはあまり書きませんでしたけれども、密かに台与の可能性が高いと考えていました。それはあくまでも、そうした定型化した大型前方後円墳の出現の年代が三世紀の後半であろうという前提だったわけです。

ところが、これまた王仲殊先生が重要な問題提起をされた三角縁神獣鏡の研究がその後著しく進んでまいりました。いま申し上げているような出現期の古墳には大量の三角縁神獣鏡が副葬されているわけです。三角縁神獣鏡より古い鏡ももちろん若干含みますけれども、ほとんどは三角縁神獣鏡で、三角縁神獣鏡より新しい鏡は含んでいません。ですから、出現期の大型前方後円墳の年代を決める決め手は三角縁神獣鏡にあるわけです。

三角縁神獣鏡については皆さんよくご承知のように王先生が非常に重要な問題提起をなさいまして、日本の学界でもその後多くの研究者がこれについて意欲的に研究するようになってきました。特にここ二〇年ほどの間、王先生の問題提起を受けて若い研究者、若いといってもいまはもう中堅ですから失礼なんですが、私どもからみれば若い研究者たちが熱心に三角縁神獣鏡の研究を行うようになってきました。そして、従来の研究者があまり注目しなかった三角縁神獣鏡を横に真っ二つに切った断面形が時代とともにどう変わっていくかというようなことも含めて、三角縁神獣鏡の型式学的な編年研究が進んできていますす。

そうした最近の三角縁神獣鏡の編年研究の成果から考えますと、出現期の前方後円墳のなかでも特に古い段階のものは、三角縁神獣鏡としてもわりあい古い段階のものしか持っていないわけです。三角縁神獣鏡のなかでも最も古い段階のものとしては、有名な景初三年（二三九年）銘あるいは正始元年（二四〇年）銘の三角縁神獣鏡があります。もちろんこれがどこで製作されたかは非常に大きな問題で、王先生は中国の南の呉から亡命した工人が倭国で作ったものだという重要な問題提起をしておられます。この先生の説についてはいまだに日本でも賛成する人、反対する人に分かれていて決着が着いていないわけです。製作地の問題はちょっと横に置いて、年代の物差しとして三角縁神獣鏡を考えた場合、細かな編年研究の成果を踏まえて考えると、出現期の前方後円墳のなかでも古いものはやはり二四〇年代、二五〇年代ぐらいの三角縁神獣鏡しか入っていない。そうすると遅くとも二六〇年ぐらいには造られたのではないかと考えられるわけです。

三角縁神獣鏡の研究をここまで進めてこられた王先生の前でこういうことを申し上げるのも言いづらいのですが、少なくとも私もそうですし、すべてではありませんが、日本で最近三角縁神獣鏡の研究をしている若い研究者の多くはそのように考えています。

箸墓古墳では三角縁神獣鏡は出ておりませんが、特殊器台形埴輪とか、あるいは前方部出土の土師器の年代から考えて、出現期古墳のなかでは古い段階のものです。新しい段階のものとしては椿井大塚山古墳などがありますが、明らかにそれより古いだろう。そういうことから、箸墓古墳も、誤解を恐れずに大胆にいえば二六〇年前後には築造されていたと思われる。卑弥呼については王先生のお話にありましたように、二四七年かその直後に亡くなっているわけです。私もあれは卑弥呼の没後造ったものだと思いますが、あれだけのものを倭人が造ったのは初めてのことですから、当然、一〇年、一五年はかかっていると思われます。そうすると私どもが考えている箸墓の年代にほぼ合うということで、私は台与まで下げなくてもいいのではないかと考えているわけですが、王先生の問題提起を受けて、私自身もさらに考えたいと思っています。

ただ、王先生のお話で重要な示唆を受けましたのは、出現の契機の問題です。先生は台与の役割を非常に重視されました。私もそれに大賛成で、仮に箸墓古墳が卑弥呼の墓であったとしても、それを造ったのは台与だと思います。しかも、一つはこれも先生がご指摘になったとおり、おそらく台与の治世の初めに東日本の広大な地域、狗奴国およびその下に集まっていた東日本の原生国家の連合体だと私も思っていますが、それが邪馬台国を中心とする西日本の倭国連合と合体することになります。要するに、首長連合の領域が飛躍的に拡大するわけです。

もう一つは、卑弥呼は『魏志』倭人伝を読みましても宗教的、呪術的に大きな力を持っていたことはうたがえない。その卑弥呼の死はやはり大変な危機でもあったと思います。特にせっかくヤマトを中心とする広域の政治ができ上がっているわけですから、ヤマトの人たちとしては、せっかくでき上がっている連合の体制を卑弥呼の死後も何とか維持し発展させたいと考えるのは当然です。

ですから、私はああいう大型の前方後円墳が造られることになったのは、一つは卑弥呼の死それ自体が非常に大きな契機になっていて、卑弥呼の死後も邪馬台国、ヤマト国を中心とする連合の体制を何とか維持したいという思いが非常に大きかった。もう一つは邪馬台国連合と狗奴国連合の戦いの結果、東日本の広大な地域、あるいは西日本でもそれまで邪馬台国連合に加わっていなかった地域も相次いでこの連合に加わることになったと思います。連合の版図が飛躍的に拡大した。そういう二つの理由から、私はあの時期に連合の政治体制が整備され、その政治体制の整備の一環として定型化した大型前方後円墳の造営が始まったのではないかと思っております。

先ほど申しましたように、特に年代論については日本の若い研究者を中心に三角縁神獣鏡の編年研究が進められていますが、それはまさに王先生が提起された三角縁神獣鏡の研究の延長線上にあるわけで、先生自身がやはりもうちょっと新しいのではないかとおっしゃっているわけですから、私どももう少し考えさせていただきたいと思っております。

西谷　ありがとうございました。王仲殊先生のお話、ただいまの白石先生のお話を受けて、上田先生、どのようにお聞きになっていますか。

上田正昭　王仲殊先生の問題提起は、第八回のアジア史学会大会でも報告された見解をさらに強化されて、あらたな見地から問題を提起されたと思います。白石さんも言われましたけれども、いままでの邪馬台国論では卑弥呼だけが大きくクローズアップされて、年一三で即位したという台与の役割が過少に評価されてきた。それに対して台与の段階を王先生が高く評価されたことは、同感です。

『三国志』のいわゆる『魏志』倭人伝で卑弥呼を擁立する前に争乱が起こって、「共に立てて」卑弥呼を擁立した。そして卑弥呼が「能く衆を惑わした」という記事が注目されてきたわけです。争乱が起こり、その結果卑弥呼が擁立されて、中国の魏に朝貢した。

これを、日本の文献史学者も悪いのですけれども、多くの研究者が倭国の大乱と呼んできました。ところが、中国の文献、『魏志』には「乱」としか書いていない。『魏志』の後の『晋書』も「倭人乱」、『梁書』も「倭国乱」、『北史』も「其国乱」なんです。「大乱」

と書いているのは『後漢書』と『隋書』だけです。中国の文献の多くは「乱」と書いている。「大乱」と書いているのは五世紀の段階にでき上がった『後漢書』と唐の初めにでき上がった『隋書』です。この「大乱」という文字に惑わされて、そちらのほうばかりが注目されてきたわけです。

ところが、卑弥呼が死んでからもう一度争乱が起こっている。そして、男王を「立て」たけれども収まらないので、年一三の台与を立てた。台与は一三で即位しましたけれども、その後も生きているわけです。そしてそれ以後も中国史書は書いています。邪馬台国は台与で終わったのではないのです。

『梁書』と『北史』には、台与が死んでから男の王が立ったと書いてある。男王が即位した。この男王の時期は、私は四世紀初めと思っています。そうすると、ちょうど奈良県の黒塚古墳で三角縁神獣鏡が三二枚、三角縁盤龍鏡が一枚、合わせると三角縁が三三枚出ているわけです。いわゆる私の言う三輪王権は、四世紀の初めから始まると考えておりますが、王仲殊先生が台与の役割を非常に評価されて、台与の後の男王にも注目されていることに、さすが王仲殊さんだと改めて感心しました。（拍手）

仁徳天皇陵の意味

西谷　ありがとうございました。箸墓古墳の年代、被葬者の問題もさることながら、卑弥呼の後を受けた台与の時代や、その後の男王にかけての時代の重要性は、白石・上田・王先生のお三方のご意見の一致するところかと思います。

そういう形で四世紀史が始まり、やがて四世紀の末から五世紀にかけて巨大古墳が登場してくる時代へと移ってまいります。そのまさに巨大古墳の世紀ですけれども、水野先生のお話のなかに巨大古墳、特に仁徳陵をはじめとする三つの巨大古墳がここになぜ造られたかというご説明もありました。おそらく葛城氏が支えていたのではないかというお話でしたけれども、巨大古墳だけの問題ではなく、ここには一三キロメートルですか、直線の道路が走り、あるいは港が開かれていたという大規模な古代の開発という問題にまでお話を広げられたわけです。

それにしても、なぜここにというのがまだ少し完全にはわからないというところがあります。もう少し膨らませてご説明いただくことと、特に大阪湾に面しておりますので、上田先生のご講演のなかで、おそらく外国の使節がやって来た時に真っ先に仁徳天皇陵等が目に飛び込んでくるのではないかというお話がありましたが、そういう対外交流という視点も含めて、水野先生に、もう少し詳しくお話しいただければありがたいと思います。

水野正好　いま仁徳陵古墳、履中陵古墳、反正陵古墳をみますと、うっそうたる緑の山丘です。しかし、本来はこのような木々は除かれるべきものであったと思います。葺石で古墳の斜面を葺くという思想は樹木の根や雨水で墳丘がこわれるのを防ぐという意図があったとみていいと考えます。

本来は、こうした古墳の表面は大きな白っぽい石が丁寧に敷きつめられており、それが三段に積み上げられ、三段築成の前方後円墳を造っているわけです。こうした古墳を永久に保とうということで「陵戸」と呼ばれる人たちを配置して、草を刈らせ破損したところがあればそれを直したりしていたはずです。本来は白石が輝く幾何学的な構造を強調していたのです。

当時、「堺大津」は難波津と並ぶ国家の経営する大きな港でした。難波津の場合は津の東にひろがる「河内の海」に入れますが、堺の大津はここで人や荷を受けて丹比道、大津道を使い大和へ入るように計画されていました。この港へは日本の各地から、また朝鮮半島や中国からもたくさんの船がやって来る。航路は瀬戸内海からは淡路島の南北の海峡を経てやってきます。紀淡海峡を通り抜けてくる船舶は和歌山港を経てこの堺大津に至るわけです。和歌山のいずれの海の道を使っても、ともに真っ正面にみえてくるのは仁徳・履中・反正天皇陵です。その当時は歴然たる三段に築造され、各段を葺石した、銀色に輝く前方後円墳の側面がみえたのです。本当にすばらしい景色だったと思います。

瀬戸内海航路の場合、まだ瀬戸内海の北岸にあります吉備津の沿岸の諸古墳や淡路島を眼前にする神戸の五色塚古墳など点々と並ぶ前方後円墳もありますが、多くは海からみると直角につくられているケースも多く、また百舌鳥古墳群の三基の威様とは少しケタが違います。仁徳天皇陵など大きな造形をみながら堺大津に入り、天皇陵だと説明されると、中国や朝鮮半島の王陵より格段に大きいだけに、多くの人々、各国の使節団がみながびっくりするという一場面が生まれます。視覚に訴えるその効果は満点だったと思います。

同じことは、大和から河内へ出てきますと、大和川や丹比道、大津道という大道を使えば、みな、巨大な応神天皇陵をみ、また堺に近づくと仁徳・履中・反正天皇陵が正面にみえてくるわけですから、そういう意味では、それぞれの古墳がすばらしい景観を生みだします。視覚満点、満点の効果を生むことは、間違いないと思います。

このように三大巨大古墳の存在はモニュメントとしてのつよい性格をもち、独特の景観を狙って築造されていることは間違いないのですが、単に古墳がみえるという景観だけではなく、東西に走る巾一八メートルの広々した大道の直行する景観、交差する景観もすばらしいですし、往来する伝馬や騎馬隊の姿、ひいては住吉大社などの多くの社の存在が景観に華をそえていたことがよみとれます。

私は百舌鳥古墳群のつくられたこの台地――百舌鳥耳原の地は葛城氏の土地であり、ここから難波津に至るそれぞれの道には葛城氏や親族の紀・坂本氏や縁の深い大伴氏の氏地が連なっていたのではないかと考えています。

西谷　ありがとうございました。王仲殊先生にお伺いしたいのですけれども、先生のお話のなかで、全長二八〇メートルの箸墓のような前方後円墳を造るにはやはり少なくとも一〇年、あるいは二〇年ぐらいかかったのではないかというお話がありました。そして劉慶柱先生から、秦の始皇帝陵を造るのに三八年ぐらいかかったのではないかというお話もありました。

仁徳天皇陵は、『日本書紀』に書いてあることでいえば、六七年に王陵の場所を決めて造り始めて八七年に葬られています。『日本書紀』によれば二〇年。奇しくも、大林組の試算では一五年八ヵ月という二桁の年数がかかったと指摘されているわけです。こういう巨大古墳を造るのには、相当な労働力を徴用・動員して、時間もかかると思うのですが、そういうことで、私は寿陵という問題提起をいたしました。寿陵という立場、あるいはこの百舌鳥耳原に突然巨大古墳が出現するわけですけれども、その理由なり背景、そのあたりをどうお考えかお話しいただければと思います。いかがでしょうか。

王仲殊　日本の前方後円墳の起源についてはいろいろ説があります。日本の前方後円墳の起源について中国の巨大古墳の影響を受けたという説がありますけれども、私はそれに賛成しません。韓国の学者、姜仁求《カンイング》先生が日本の前方後円墳は韓国の古墳の影響を受けてできたという説を出されました。私はそれにも賛成しません。姜先生は私の友人ですけれども、説としては、私は賛成しません。

私の考えとしては、まず前方後円墳という墓は中国にはありません。韓国には少しありますけれども、年代としてはどちらかというと日本の前方後円墳より少し新しいですから、むしろ朝鮮半島の前方後円墳は日本の影響を受けてできた可能性が考えられると思います。

日本の古代文化の源流についてよく言われるのは、日本の古代文化は大陸の中国から朝鮮半島を経て日本に伝えられたという説です。確かにそのとおりだと思いますけれども、日本文化のすべてが大陸からの影響を受けたというわけではない。簡単にいうと、日本の前方後円墳は日本始原だと思います。日本文化のなかに独自の部分もあるということを言いたいと思います。

寿陵、つまり皇帝が生きているうちに墓を造るということについては、日本の茨城大学の茂木雅博先生が以前本を出されています。私もその本を拝読しました。仁徳天皇陵のような巨大古墳も寿陵の可能性は十分あると思います。具体的にどのぐらいの労働力が使われるか、私にはその研究はありません。

王巍さんは日本に長く留学して、日本と中国の両方の状況をある程度わかっていますので、この問題は王巍さんに答えさせましょう（笑）。

王巍　困りますね、突然で。私は通訳のつもりで。

統一新羅時代の王陵と中国

西谷　それでは、王巍先生には後でまとめてお話しいただくとして、話題を少し変えたいと思います。韓国の崔秉鉉先生にお伺いしたいのです。

王巍先生から、時代が新しくなりますが、唐の時代の乾陵に壮大な陵園があり、その一角には妻子の墳墓があり、あるいは陪冢を配しているというお話がありました。その時代の韓国と申しますと、統一新羅時代ですね。乾陵は唐の高宗と則天武后の合葬陵ですけれども、統一新羅時代の武烈王が亡くなった時に、唐の高宗は城門まで出てきて、新羅の武烈王の死に対して哀悼の意を表した、後にお香典を送ったと書かれています。それほど唐と新羅との関係は深かったのです。

その統一新羅の時代の王陵について、乾陵との比較においてご紹介いただければと思います。いかがでしょうか。

崔秉鉉　韓国の統一新羅におきましては、唐の乾陵にみられるような影響もありますし、また別の視点では韓国独自のものも生まれております。特に陵園制という観点からみますと、統一新羅ではやはり中国、唐の影響をかなり大きく受けておりますし、またその影響力は石造物の配置においても濃厚に窺うことができます。

例を挙げますと、現在、韓国の南部、慶州の南方に掛陵というところがあります。その掛陵は八世紀後半の元聖王の墓だとも言われております。掛陵をみると、石造物がいくつか並んでいるのですが、その並び方は、皆さんよくご存じの武人像、獅子像などが順序よく並んでいることがわかります。掛陵の石造物の配置がまさに唐の乾陵の影響を受けていると言えます。

ところが、掛陵の王陵の周囲をみますと、欄干がありますし、護石があります。護石には実は十二支像が直接彫刻されています。この点で中国との違いもはっきりと見受けられるわけです。

統一新羅における護石の十二支像の流れを大きくたどっていきますと、まず七世紀末期から八世紀初期にかけて築造されたと思われる、龍江洞古墳が挙げられます。龍江洞古墳の内部には青銅製の十二支像が配置されています。また中国式の陶俑が出土しております。次に挙げられますのが聖徳王陵です。八世紀前半に当たりますが、この聖徳王陵は護石のすぐ前に独立した十二支像が見受けられます。そして、先ほど申し上げました八世紀後半、掛陵においては護石に直接十二支像が彫刻されていることがみられます。

最後に挙げますのが九世紀、金庾信将軍墓と伝えられる墓の周りには、護石にやはり直接彫刻された十二支像がみられます。

つまり、七世紀末期から八世紀初期の例として挙げた龍江洞古墳にみられるのは明らかに中国の様式なり影響なりを受けたものでありますが、それ以降の聖徳王陵、掛陵、金庾信墓にみられる十二支像の形態には明らかに統一新羅独自の発展がみられます。

西谷　いま崔先生がお話しになりましたなかで、古墳の裾周りに十二支像を丸彫り、あるいは護石に直接彫刻している点が非常に独自的だということですけれども、これはキトラ古墳の壁画のなかに頭が動物で胴体が人間というものがありました。あの壁画もいま話題にされた統一新羅の十二支像との関係があるようです。

いま最後のほうでお話に出ました十二支像を彫刻した統一新羅時代のお墓のなかに、金庾信という人のお墓があります。慶州の西の郊外にありますので、行かれた方も多いと思いますが、この点、王仲殊先生、ご意見があるようですね。いかがでしょうか。

キトラ古墳との関係

王仲殊　私の知るところによれば、一九六八年九月、韓国の有名な学者、李《イ》丙燾《ビョンド》先生は「金庾信墓考」という論文を発表して、この墓の被葬者が果たして七世紀後期、新羅の大将軍、金庾信その人であるかどうかについて疑問を出されました。韓国の学界では墓の被葬者はやはり金庾信ではあるが、九世紀前半、金庾信が興武大王に追封された後、墓の形式を大いに改修されたと主張した研究者も少なくないようです。

二〇〇四年、日本のキトラ古墳が発掘されて、壁画に擬人化された十二支像の存在が確認されました。このことは墓の貼石に擬人化された十二支像のある金庾信墓の年代問題に何かのつながりがあるかどうか、韓国の先生方と日本の先生方にお教えいただきたいと思います。

西谷　ありがとうございました。崔先生、いかがでしょう。

崔　現在の金庾信墓は、朝鮮時代後期、一八世紀ごろになりますと、金官伽耶の王族の子孫だという金海金氏の皆さんがこの墓を金庾信墓であるとして毎年祭祀を行うようになりました。そのことから現在の金庾信墓が金庾信墓であると言われ始めたわけです。金官伽耶の最後の王が統一新羅の武烈王、文武王と並ぶ三大王として崇められております。

先ほど王先生がおっしゃいましたように、一九六八年ごろに李丙燾博士がこの金庾信墓を指して、金庾信墓ではなく王陵であると提言されたわけです。それに対する反論として、金庠《ヤンギ》基博士がこれは王陵ではなく金庾信墓そのものであると提言しました。その後、李博士と金博士の間で二十数回にわたる論議が交わされました。それが有名な金庾信将軍墓の論争です。

李丙燾博士が提言したのは、金庾信墓と伝えられる墓の格式が一将軍墓を超えた王陵のものであるということを根拠にしております。それに対して金博士は、金官伽耶の子孫、金海金氏のお一人でありますけれども、九世紀に金庾信将軍が興武王としてこの墓が推定されるので、それを継承した王陵であると述べたわけです。お二人の大きな論争を超えた論議は現在されておりません。

そこで、私見を述べさせていただくと、金庾信将軍墓はもともと新羅の王陵であると言えます。その根拠としまして、先ほど三大王と申し上げた武烈王と文武王の陵も、やはり金庾信将軍墓と違って新羅の王陵としての要素を兼ねております。そのうちの文武王に対する陵は現在はっきりとしておりません。ところが、武烈王の陵は現在、慶州に行かれたらおわかりのようにはっきりと明示することができます。

しかしながら、武烈王の土陵は護石に十二支像を持つようなものはみられません。そのような視点からみますと、金庾信墓は、金庾信将軍を興武王と推定するにしても、王陵の格式が金庾信将軍墓とみるには少し無理があるように思われます。

現在、慶州に行かれると多くの王陵がみられますが、これらはほとんど朝鮮時代後期になって呼ばれ始めたものです。

西谷　新羅の金庾信墓にみられる十二支像に関連して、キトラ古墳との関係はどうだろうかという日本の研究者のご意見を求めておられますので、白石先生、お願いいたします。

白石　ご質問の一つは年代だと思うのですが、キトラ古墳の墓室の構造や壁画の構成は高松塚と非常によく似ております。日本でみつかっている本格的な壁画古墳、七世紀末から八世紀初めぐらいでしょうか、壁画を持っているのはキトラと高松塚だけです。ただ、壁画は持っていませんけれども、非常によく似たものがあと二つありまして、一つは明日香村のマルコ山古墳、もう一つは奈良市にある石のカラト古墳です。この四つの墓室は非常によく似ているのですが、その型式的な変遷過程がわかっております。そのなかではキトラ古墳がいちばん古いわけです。

それで多くの研究者は、キトラは八世紀初頭ぐらい、上がっても七世紀末であろうというところでだいたい一致しているのではないかと思います。

キトラ古墳につきましては、日本古代史の直木孝次郎先生、亡くなられた岸俊男先生など、あそこは地名が明日香村阿部山というのですが、当時、太政大臣はいませんでしたからいちばん高い位、いまでいえば総理大臣にあたるのでしょうか、右大臣で亡くなった安《あ》倍御主人《べのみうし》にあてる説があって、それは私も非常に有力だと思います。安倍御主人が亡くなったのは確か七〇三年だったと思います。ですから、ほぼ合うわけです。そういうことからも、キトラ古墳については八世紀初頭と考えて大きな間違いはないのではないか。

会場の皆さんはよくご承知と思いますが、キトラ古墳については天井には天体図が描かれている。その少し下の東側には日像、反対側には月像が描かれている。四方の壁には四神が描かれている。これはいずれも当時の人々の宇宙観を示す図像です。日と月と星、さらに四方を司る四神、それに加えて時間の概念を表す十二支の壁画を加えているわけです。まさにあの小さな墓室を死者のための小宇宙にしようとしているのだと思います。

基本的には、永泰公主墓など唐代の壁画墓の影響を受けたものであることは私も間違いないと思います。ただ、そのなかで十二支については、よくわかりませんが、新羅なりの影響を受けた可能性があるのではないかと思います。

そういう意味で、八世紀初頭における日本の中国や朝鮮半島の文化の受け入れ方を考えるうえにも非常に重要ではないかと私どもは思っています。

被葬者は誰か

西谷　ありがとうございました。王仲殊先生、よろしいでしょうか。

いまも話題になりましたけれども、やはりどの天皇の御陵がどの古墳であるとか、あるいは、新羅のどの王のお墓がどれだという特定の被葬者を決めることはたいへん大事なのですが、なかなかむつかしい問題です。新羅の場合には、先ほどお話がありましたように朝鮮時代後期にこの古墳はだれの墓だと決めていったわけですね。日本でも江戸時代に蒲生君平が『山陵志』を著して決めていっているわけですが、ほんとうのところはよくわかりません。

ここで、林永珍先生にお伺いしたいのですけれども、先生のご発表のなかで百済の初期、石村洞3号墳が近肖古王の墓ではないかというご説を述べておられました。規模とか中国の青磁が出るというお話がありましたが、その理由、あるいは百済のほかの古墳での王陵比定、武寧王などはその決定的なものですけれども、どういう状況でしょうか。お教えいただければありがたいと思います。

林永珍　現在のソウルには百済古墳群が集まっておりますが、そのなかに石村洞という古墳群があります。なかでも特に3号墳が最も大きな古墳で、近肖古王の墓だと言われております。

近肖古王の墓と言われる石村洞3号墳は、その規模が一辺五〇メートルにも及び、現在三段が残っておりますが、もともとは五段であったと推定されております。一九八三年にその発掘が行われましたが、その際に一方に偏った部分から石槨が現れました。この石槨は副槨でありまして、主槨はすでに破壊されておりました。そのなかからいくつか出土遺物がありますが、特に挙げられるのが中国、東晋代の青磁の盤口壺です。

したがいまして、その規模や時期的な面からみると石村洞3号墳は当時最も完成された古墳です。また征服的な勢力を誇った四世紀後半の近肖古王の墓であることが明らかです。そ
その石村洞の古墳群で高句麗の積石塚の要素がみられるのが三世紀ごろであります。そのころまでの先住民たちのやり方の一つの要素が木棺墓と甕棺墓でした。そのような土着的なやり方、要素から、突如として系統の違う高句麗の積石塚が現れた三世紀中葉のころには、おそらく征服王朝と呼ばれるような大きな勢力があったものと思われます。

そのような土着的な墓制と共に、当時、王妃が輩出したという記録が残っておりますので、おそらくは土着的な先住民との連合政権があったという可能性が考えられます。

したがいまして、百済圏における王陵の比定ができる可能性を考えるには、武寧王陵にみられる買地券があります。また、新たな資料としまして、全羅北道益山に伝わる双陵が挙げられます。皆さまご存じのように百済はソウル、公州、扶余と遷都してまいりまして、その地域周辺には最高勢力を誇る痕跡、足跡がみられます。そのようななかで先ほど申し上げた全羅北道益山の双陵は、文献にも現れないところで、百済後期の石室墳という事実が新たな論議をかもし出しております。

最近の発掘成果を挙げますと、全羅北道の弥勒寺跡は、東洋で最も大きな寺刹の一つであることが明らかになってきていますが、またそれと共にその周辺付近には百済後期の王宮跡があったことも明らかになっております。

したがいまして、文献記録には残されておりませんが、発掘調査によって全羅北道益山というところは百済の武王代に一時的に遷都した、もしくはその計画があった土地であったと言うことができます。

西谷 ありがとうございました。ただいまお話に出ました武寧王陵については、買地券という文字資料があったので、年代と被葬者が特定できるわけですね。そのほかは考古学的な資料の編年観などが根拠になります。最後に話題になりました益山の双陵という古墳については、状況証拠から武王の陵であろうということです。ちなみにこの古墳は、昭和一二〜一三年ごろに、最近、九九歳の白寿を迎えられた有光教一先生が発掘なさった古墳でありまして、なかから日本の高野槙の木棺が出たりした古墳です。

劉先生にちょっとお伺いしたいのですけれども、いままでのお話でも、日本や韓国ではどの古墳がだれの王陵かといったことは非常に難しいのですが、中国の場合は、墓誌や哀冊などから決められるというお話がありました。中国ではどういう根拠で王陵比定をされているのでしょうか。特に私の個人的な考えから言いますと、咸陽台地の前漢皇帝陵などはみな比定されているのですが、根拠はどういうことなのでしょうか。

劉慶柱　中国の場合、どの墓がどの王の陵墓か判断するには二つの根拠があります。一つは、文献記録。もう一つは、考古学資料。

文献記録の例を挙げれば、たとえば発表のなかで紹介しました始皇帝の陵墓です。漢時代の有名な文献、司馬遷の『史記』に始皇帝の陵墓は驪山にあるとあります。一九七〇年代以来、始皇帝の陵墓の近くで発掘調査をしましたが、数点の土器、青銅器の表面に驪山という銘文があります。

それで、考古学資料と文献資料を合わせて一致しましたので、この驪山は始皇帝の陵墓、つまり、司馬遷によって記録された驪山とわかりました。

前漢時代の皇帝陵の決め方については、私が一九九一年日本で出版した前漢時代の皇帝陵の本のなかに詳しく論じております。たとえば有名な漢時代の初代皇帝、高祖、劉邦のお墓は長陵と記録されています。彼の息子の陵墓は安陵、彼の孫の陵墓は陽陵と文献記録があります。

西安市の北にある山の麓あたりに皇帝陵らしい高い墳丘がいくつか発見されました。それらの陵墓らしい墳丘の近くで調査しましたら、軒瓦などが出土しました。その軒瓦の表面にたとえば長陵などと書かれて出土して、その場所は長陵であることがわかりました。それでその大きな墳丘が長陵であることがわかりましたが、その隣にあるもう一つの大きな墳丘は、その近くから皇后の印鑑が出土しました。それでその墳墓は劉邦の皇后の墓であることがわかりました。

漢の景帝の陽陵でも同じく瓦や印鑑が発見されましたので、それが陽陵であることがわかりました。

文字での記録によりますと、これらの皇帝陵の墳丘の高さは三〇メートルぐらいあります。長陵でも陽陵でもその高さは三〇メートルぐらいあり、それも一致しております。要するに、文献記録と考古学資料を合わせて一致する場合は、断定できるようになりました。もう一つ、考古学の型式分類、瓦や土器の編年でもそれが一致しております。

そしてもう一つの証拠ですけれども、南北朝時代の有名な地理図的な本で、『水経注』という本のなかにも皇帝陵について細かく位置など記録しておりまして、それも一致します。

陵園・陵戸の問題

西谷　ありがとうございました。日本や韓国に先んじて文明国であった中国は文字資料が非常に豊富であるということをとても羨ましい感じがいたしますけれども、考古学的な編年と合わせて文献、文字資料等からも王陵比定が可能だということです。

ここで、劉慶柱先生のご研究は『前漢皇帝陵の研究』という題で来村多加史さんの日本語翻訳版が学生社から出ておりますので、ご参考にしていただければと思います。

その中国の秦の始皇帝陵に始まり、前漢皇帝陵、さらには唐の王陵群などに特徴的なことの一つが陵園です。先ほど水野先生からも仁徳陵古墳には葺石が葺かれて神々しいばかりに輝いていたというお話がありましたけれども、それを守ったのは陵戸です。そこで、陵園や陵戸といったことについても少し深めておきたいと思います。

陵園につきまして、まず上田先生、ご意見がございましたらお願いします。

上田　中国の先生方のほうから先に述べていただいたほうがよいでしょう。陵園については日本ではなかなか確かな証拠がないので、王巍先生、どうですか。中国の陵園というものについて先にお話しいただいて、それについて私どもからまた申しあげます。

西谷　わかりました。では、王巍先生、先ほど来、通訳でご苦労いただいておりますけれども（笑）、陵園あるいは陵戸の問題があります。陵戸という言葉は度々飛び交っていますけれども、実態とか内容はどういうものかよくわからないので、そのへんも少し解説していただければありがたいと思います。

王巍　このことについてはやはり劉先生がいちばん詳しいですから（笑）。私はむしろ通訳のほうが……（笑）。

西谷　では、劉慶柱先生、お願いいたします。

劉　中国では、陵園についていちばん古い例としては、春秋時代晩期の秦時代の都、雍城というところです。始皇帝の時期になると完成期になりました。漢時代の陽陵、つまり景帝の時期から制度化されました。

陵邑、陵の近くに大きな村、集落ができたのは、いままでいちばん古い例は秦の始皇帝の時期からです。初めの目的としては、陵墓を造るために人を集中させてできた村です。前漢時代になってもこの制度は続けられました。

前漢時代には、新しい皇帝になってその翌年から陵墓を造るという決まりがあります。その時に陵邑を造ります。前漢時代一一人の皇帝のなかで七つの陵邑がありました。

その目的にはいわゆる政治的な目的もあります。つまり、木の主幹と枝がありますね。主幹を強めて枝を弱めさせるという漢時代の政策がありました。

前漢時代の七つの陵邑はすべて漢の都の長安城の近くにあります。その時都には二四万人いました。七つの陵邑の人口は合わせて九〇万人近く。ということは、都の人口の何倍もいます。たとえば有名な漢の武帝の茂陵の陵邑には二七万人いました。漢の高祖の長陵の陵邑は一七万人いました。この一七万人、二七万人はすべて庶民だけでなく、わりと身分の高い豪族もけっこういて。その豪族たちは関東、つまり中原地域、黄河下流域、あるいは沿海地域から来た人です。その人たちをどうして来させたかというと、一つの名誉として都の近くに住まわせるという制度です。

この豪族や金持ちの人は、家族は陵邑に住んでいて、自身はたとえば地方の官吏だったりしている。何か罪を犯すと家族は殺されるといった制限制度がありました。

文献記録によりますと、漢時代の日本でいうと総理大臣の身分がありますけれども、そういう身分の人たちの三分の一ぐらいは陵邑に生まれて育った人ということです。

前漢時代後期になりますと、この制度はだんだん弱くなりました。唐時代になりますと、陵邑は単なる祭祀などお墓に奉仕する人たちが住んでいる場所になりました。移り変わりがあります。

西谷 ありがとうございました。それでは、上田先生、どうぞ。

上田 どうもありがとうございました。スケールがものすごく大きく、話す勇気がなくなってきたのですが（笑）、ご承知のように『延喜式』という書物があります。延喜五年、西暦九〇五年から編纂が始まりまして、延長五年、九二七年まで、それだけの期間をかけて五〇巻の書物を作ったわけです。その「諸陵式」のなかに先ほど水野先生が言われましたように、反正陵はどこか、仁徳陵はどこか、履中陵はどこか、北陵、中陵、南陵ということが書いてありまして、陵を守る陵戸の数も書いてあるわけです。ところが、たった五烟（戸）と、少ないんですね。

しかし、これは平安時代の一〇世紀前半の陵戸であって、律令制が成立した段階の陵戸はもう少し多かったのではないか。ただ、残念ながら確実な史料がありません。身分は、良民ではなくいわゆる「五色の賤」のひとつです。

しかし、中国の陵園のように大きな陵邑があって、何十万人というような規模にはとうてい及ばないけれども、西谷先生がおっしゃったように、あるいは水野先生がおっしゃったように、たとえばいわゆる仁徳陵を築くためには、たくさんの労働力を持った人間が住む宿舎が要ります。あるいは土器を作る工房が要ります。陪冢も築造するわけですから、そうした陵邑に類するものがあったに違いない。だが、いままでの古墳研究では仁徳陵の堀がどれだけで、長さがどれだけでということばかりで古墳の問題を研究しておりましたけれども、今日、西谷先生が新たに問題提起をされたように、日本のこれからの研究においても、古墳の周辺にも注目する必要がある。祭壇などがあるかもしれない。これらについては高句麗の大王陵の例で報告されました。

　それから、実際におそらく外国人では早い時期にその発掘現場に行ったことになると思いますが、平壌の力浦区域の戊《ボ》辰里《シンリ》で定陵寺というお寺の跡が出た。西谷先生が言われたように、はっきり瓦に陵寺と書いてあります。いわゆる東明王陵の前にこの陵寺が位置するわけです。こういう陵寺なども、私は仏教が日本に入ってきてからはあったのではないかと思っています。

　その一つの有力な資料は四天王寺です。四天王寺の元の名前は荒陵寺（あらはかでら／こうりょうじ）です。つまり、四天王寺ができる前に荒陵寺というお寺があった。これをだれが造ったかというと、難波吉士《なにわのきし》たちです。難波にいた渡来系の吉士の建てた荒陵寺というお寺です。これも陵寺であったのではないか。

荒れるという字を日本人の多くは簡単に荒廃と結びつけるけれども、そうではありません。たとえば伊勢神宮の別宮に荒祭宮があります。これは生まれ変わるということ、蘇るということです。「御阿礼《みあれ》（御主）」という日本語があるでしょう。みあれの「あれ」なんですね。御陵のそばにお寺がある。それが荒陵寺。ですから平安時代になりましても、四天王寺の史料を読みますと、四天王寺と書かないで荒陵寺と書いている史料があります。そういう陵寺の制度は日本にもあったと考えたほうがいい。考古学の今日の研究大会の一つの成果ではあったのではないかと思いますが、西谷先生、水野先生から陵の周辺をもっと広く考えようではないかという提案もありました。特に海から。古墳の研究は内陸部ばかりで行うわけですが、海からもみるわけです。海からみる古墳の研究の視点というものももっと行っていただきたいと思います。私の感想です。

巨大古墳出現の背景

西谷　ありがとうございました。まとめのお話のようなご指摘をいただきましたけれども、外国の先生方にも全体を通じてお話をいただきたいと思います。

王巍先生、先ほど来ずっと通訳でたいへんご苦労さまでございました。全体を通じてご意見、ご感想等ございましたらお願いしたいと思います。

王巍　やっと私の言いたいことが言えるようになりました（笑）。簡単ですけれども、一つは中国、日本、朝鮮半島を含めて巨大古墳出現の背景について。いろいろ日本独自のものがありますけれども、でも、背景としては似ているところがあります。それを挙げると、一つが鉄器の普及。

中国は三国時代から巨大古墳が各地でできるようになりました。春秋晩期まで遡れますけれども、鉄器がたくさん普及する時代でもあります。これが一つ。

もう一つは、それと関連する農業の発展。それと共にする人口の増加。それで、王権はたくさんの人口を組織する能力が要る。これはかなり似ているところがあります。

もう一つ、日本の前方後円墳の源流について、私は日本独自の発生と思いますけれども、墳丘墓、巨大古墳ということはやはり隣の中国では戦国時代にすでにありましたし、前漢・後漢時代、権力を表すという意識。中国大陸からそういう影響を受ける可能性があります。

ここでちょっと言いたいのは、中国の漢時代、特に後漢時代、祖先のお墓を祀る風習がありました。それは上塚と言います。つまり墓上がり。自分の親族の人たちでそこで祭祀をして、団結させるとか、自分の力をみせるとか。あるいは皇帝も、外国からの使節とそこで面会したり、そういう風習がありました。その風習が日本にある形の影響を与えていたという可能性が考えられるのではないかということです。

次に、中国と日本の古墳の相違点はたくさんありますが、とても大きい点は、中国では墳丘がいくら高くても埋葬施設は地下にあります。でも、日本の古墳は高い墳丘の上に埋葬する。それにはどういう理由があるか。私はやはり人々の死に対する思想と関連があると思います。

中国では、陵園があったり墳丘があったり、あるいは墓室のなかに天井などいろいろ施設があるのは、みな生きている時の世界をそのまま死んでからの世界でもそのように生活していきたいという意識です。中国の言葉で「視死如生」と言います。生きているように反映する。陵園制度などすべてその反映です。陵園すなわち生きている時の都、内城、外城など。神殿でも生きている時の宮殿です。そういう風習です。

でも、日本ではそういう風習がどうもみえないですね。埴輪をみても、やはり葬送儀礼です。葬送儀礼をとても重要視します。だから、それは大きな差でその観念の差によって王陵のあり方が違うと思います。

もう一つ、やはり高いところに埋葬するというのは、死んだ人がその時天に昇るとか、そういう信仰、観念があるのではないかと私は思います。それは完全に推測ですけれども。

三番目に、四世紀、五世紀の古墳をみると、かなり性格が違います。四世紀の古墳は呪術的な色彩、宗教的な色彩がたくさんあります。実用品ではないものがいろいろたくさんあります。でも、五世紀の古墳をみると、武器、生産道具、鎧兜、完全に軍事的な、あるいは現実の世界のものがたくさんあります。これはやはり大きな見方の変わり方だと思います。

古墳時代の初めは、ヤマト王権はやはり宗教的な呪術的な色彩が濃くて、それが王権の大きな支えだったように思います。各地に前方後円墳が普及することも、やはり反映する宗教的な思想が各地に受け入れられた証拠でもあります。五世紀になると、力強く軍事力。

簡単にまとめてみると、宗教的な呪術的な王権から軍事的な現実的な王権への変化、内政を重要視する王権から外交、海外重視の王権への変化、そして呪術的な資源、ものを重要視する王権から、特に戦略的な資源、鉄、塩といったものを重要視する王権への変化。もう一つは、やはり内陸的な位置の都から海に対する、外に対するという王権に変化する。

最後に、物の輸入から技術や技術者の輸入、そして自分なりの発展まで展開するというい

くつかの大きな転換期がこの五世紀であると思います。（拍手）

西谷　ありがとうございました。時間もだんだん押し迫ってきました。「東アジアの巨大古墳」という学術的な面でのシンポジウム、議論はそろそろ終わりたいと思いますが、水野先生、最後に学術的な面で今日のディスカッションについて何かご意見、補足でもありましたら、お願いしたいと思います。

水野　前方後円墳、あるいは前方後方墳という形で「古墳」が生まれてくるのは、崇神天皇の時代です。三世紀の後葉のことです。

私は古代の倭国——日本の王統は、女王卑弥呼、女王台与、崇神、垂仁、景行、成務天皇と続くと考えていますので、逆にいえば、崇神天皇の治世中、天皇の「おば」でありました倭迹迹日百襲媛命の死去に伴い、「古墳」が生み出されたものと考えています。その時、この「倭迹迹日百襲媛命」イコール「倭国女王台与」であるか否か。もし倭迹迹日百襲媛命と台与が同一人物であれば台与は女王ではありえないということになります。もし同一人物でないならば女王台与は崇神天皇に先立つ倭国王ということになり、その場合その墳墓——王陵は「古墳」以前の墳墓のなかで考えることになります。最近「古墳」以前の墳墓として「ホケノヤマ」と呼ばれる墳墓が三輪山西麓で発掘されています。こうした墳墓が倭国女王卑弥呼、台与の王墓ということになるのではないかと思います。

崇神天皇の時代「古墳」の造営が始まり、天皇陵や倭迹迹日百襲媛命の墓である箸墓古墳が造られていきます。最初から王権を中心として前方後円墳が生まれてくるのです。はっきりいえば、天皇を中心とする発想として「古墳」――前方後円墳が生まれたのです。それ以前の日本には、前方部の短い円丘墓、四隅が突出した方形墓などいろいろな墳墓があったのですが、ある日突然に、会議が開かれ、会議で各地の墳墓をたしかめられた結果、「前方後円・前方後方」形という古墳の墳形が決まり、そうした形の「古墳」が一斉に天皇家の皇族や親族、各地の豪族に配付されていくようになったのだと思うのです。

そうした「古墳」には、「石室は竪穴式石室、長方形で割石積の石室、棺材は高野槙、割竹形に」といった規定、死に臨む貴人や時には死去の後「鏡・剣・玉」を配布するといった規定があったようです。国家の政策としてトップの人々にこうした造墓が一つの政策としてとり入れられ「古墳」が広がっていくのです。そういう経違あっての「古墳の発生」であったと思います。

朝鮮半島の交渉が深くなるなかで、天皇の権力が急速に強くなっていきます。四世紀の古墳時代前期は、各天皇は在位期間が長く生前に造墓工事をはじめていますので本当に大きな陵墓ができていくわけです。その勢いがそのまま反映して、応神・仁徳・履中天皇の巨大古墳が誕生するのです。私はこの間に王朝の交代はないと考えています。一系の王統で進んでいくのだと思っています。

日本の四－五世紀の「古墳」は墳丘の頂上から極めて浅いところに石室をつくり死者の棺を納めています。これは後世、自分の墓が荒らされる、侵犯されることはないと信じていたのだと思います。ピラミッドなどと全く違う王統、王権の堅持と安定がみられたのだと思います。

三段に積み上げられ、墳丘には各段ごとに円筒埴輪をめぐらし食物や酒を置いて、寄り来る悪霊邪鬼を追い払う。古墳の周囲に堀をめぐらし、堤にも円筒埴輪を並べています。円筒埴輪などでしっかり囲んだうえ、死者を石室に納め天井石をかける時には粘土で丁寧に封じその上に方形の壇をつくり、内部に多くの家形埴輪を配置します。時には、前方部の先端にも方形の壇をつくり埴輪を置いています。その間をつなぎ道が造られていきます。前方部と後円部とをつなぐ道です。このような埴輪の配置の仕方もきちんと決められているのです。

このようにみますと、日本の「古墳」は中国や朝鮮半島の王陵とはまた違う一面が辿れるといえます。日本独自の特別な発想で古墳は生まれていると思います。日本は中国へ使節団を送ります。中国のすぐれた墳墓を見聞きする。そうした彼の地の情況が伝われば、日本は、「西の中国」「東の日本」という思いをつよくもっていますから、日本的な構想で「前方後円墳」を創出しいっそう大規模にということになっていくのでしょう。しかし、「古墳」の規模は大きくなっても政治的・宗教的性格は一貫して変化はなかったのではないかと私は考えています。

日本の「古墳」は、そういう意味では世界の大王陵とは違いまして、本当に天皇が主導するところであって、各地でもそれが完全に徹底しておりまして、日本中どこへ行っても前方後円墳、前方後方墳がみられることになるのです。特に天皇の皇子・皇女は各地へ送り出され各地にたくさんの前方後円・前方後方墳をのこしていくのです。

世界文化遺産登録に向けての諸問題

西谷　ありがとうございました。最後に世界文化遺産がらみのご発言をいただこうと思っておりますけれども、以上で「東アジアの巨大古墳」というテーマでの議論は終わりにしたいと思っております。

堺市におかれましては、世界文化遺産申請にあたって、仁徳陵を頂点とする百舌鳥古墳群、そのオーセンティシティ、真実性の問題、そして、百舌鳥古墳群は中国や韓国と違うんだというところもしっかりと書くことが申請上の大きな要件です。そういうことで、堺市におかれましてはこの議論を大いにご活用いただければと思っております。

そこで、もう時間がまいっておりますけれども、最後に、いま堺市で進めておられる世界文化遺産申請にあたってのご助言なり、あるいはご提言なりをお一人ずつお伺いして終わろうと思います。

まず林先生のいらっしゃる全南大学校というのは、西南部の光州にありますけれども、あのあたりではドルメン、つまり青銅器時代の巨石墓が世界文化遺産に登録されています。その全南地方からお越しいただいた林先生に口火を切っていただいて、お一人ずつお話をいただくことで終わりにしたいと思います。どうぞよろしくお願いいたします。

林　難しい質問だと思います。一〇年前の一九九六年に私は百舌鳥古墳群を一度みてみました。その時に二つの点で大きく驚いたことを覚えています。

一つは、古墳とは思えないほど巨大であるということに驚きました。もう一つは、大都市として発展しているところに所在するにもかかわらず、大きな傷も受けず、破壊もされずにそのまま残っているということにたいへん驚きました。

韓国では六年前に全羅南道のコインドル（支石墓）群をはじめとする文化遺産が、ユネスコの世界文化遺産に登録されました。そのとき指定されたコインドルは、ほかの地域にはみられない大量のコインドルが群を成しているということ、また群を成すコインドル古墳群がよく保存されているという点で評価されています。

やはりそのような視点からみましても、百舌鳥古墳群は世界的に類例のないほど大きな巨大古墳が集まっておりますし、また歴史的な性格も十分な要素を兼ね備えていると思います。

そのような点から、百舌鳥古墳群は日本観を作り上げることにも寄与したと思いますし、また、人類の発展過程においてもやはり重要な遺跡であると思われます。日本だけでなく全世界に共通する遺産であると言うことができるのではないでしょうか。（拍手）

西谷　ありがとうございました。では、崔先生、お願いします。

崔　私もいまから七〜八年前に百舌鳥古墳群をみる機会を得ました。討論のなかに一部出てまいりましたように、前方後円墳の源流はどこにみられるかということが韓国の学界でも注目を浴びてきました。過去には、前方後円墳の源流が韓半島、朝鮮半島にあるという提言もされました。全羅南道にあります栄山江流域をはじめとする地域には一四基の前方後円墳がありますけれども、これらの前方後円墳は日本からの影響を受けたものであるという説も出されております。

私は発表のなかでそれらの古墳は封土墓と墳丘墓に分けることができると申しました。日本でも弥生時代には円形周溝墓、方形周溝墓が墳丘墓へ変化したものであると言われます。そこから前方後円墳が成立していくと言われます。

韓国でも周溝墓が西南海岸沿いにみられます。私も周溝墓、墳丘墓が前方後円墳へと変化するのではないかと一度注目したことがあります。その結果、日本よりも先駆けて、そのような前方後円墳が韓国内にあったということは言えません。日本の墳丘墓の伝統と韓国の墳丘墓の伝統は、同じ伝統を持つと言えます。

百舌鳥古墳群はそのような伝統を引き継ぐ古墳群のなかでもいちばん勢力を誇った、大きな勢力を持った時に生まれたものであると思います。いつの時代のどの地域の古墳も、やはりその土地にある古墳はその当時の権力の象徴であると言えます。世界各地に数々の古墳が残っておりますけれども、人類の発展におけるそのような成長過程を象徴するものであると言えます。やはり百舌鳥古墳群も、人類の発展過程における記念物の一つとして

世界的にユネスコの文化遺産に登録するべきものであると思います。（拍手）

西谷　ありがとうございました。では、王巍さん、お願いいたします。

王巍　私は一八年前に初めてこの古墳をみて圧倒されました。簡単にいいますと、私は世界文化遺産に登録すべきだと思います。

一つはその巨大さ。いろいろ数え方がありますけれども、この巨大さがまず一つです。

もう一つはその形に日本の独自性があること。

もう一つは王権の強さ、あるいは繁栄の印。

最後に保存状態がいいこと。

一つちょっと残念というか、足りないことは、一般公開していないこと。これはやはり世界遺産としてはダメですね。

だから、まず世界の遺産ではなくて、公開して、それから全世界の遺産になるべきだと思います。できるだけ早く登録して欲しいということです。（拍手）

西谷　ありがとうございました。では、劉先生、お願いいたします。

劉　世界各地では環境が違い、気候が違い、文化ももちろん違います。全世界の歴史学者、考古学者すべてがそのように思うと思います。環境が違う、環境の多様性、生業の多様性によって世界各地の文化の多様性があることは当たり前です。

エジプトのピラミッド、中国の始皇帝の陵墓、そして仁徳天皇陵、それぞれ違う文化、違う文明の印だと思います。世界の文化の発展、歴史の発展にはいろいろ原因がありますけれども、その一つの大きな原因は、それぞれ違う文化の交流です。

エジプトのピラミッドも、始皇帝の陵墓も早くから文化遺産になりましたので、仁徳天皇陵も一日も早く文化遺産に登録していただきたい。

これはもちろん日本の皆さんの念願でもありますし、我々中国の学者の念願でもあります。（拍手）

西谷　ありがとうございました。では、王仲殊先生、お願いいたします。

王仲殊　日本はいまとても発達した国でもあります。歴史的にも長く、文献記録も多く、遺跡、遺物がたくさん残っております。それらの遺構、遺物は日本文化の特徴をよく反映しております。

そのなかで仁徳天皇陵は日本古墳時代のいちばんいい代表だと思います。ですから、仁徳天皇陵は世界遺産になる資格が十分あると思います。これは私の本音です。（拍手）

西谷　ありがとうございました。上田先生には最後にシンポジウム全体の総括をお願いする時にお話しいただくということで、水野先生、どうぞよろしくお願いいたします。

水野　皆さんもご存じかと思いますが、昭和二〇年に日本が第二次世界大戦で敗れて以後、日本がどうなっていくのか、行方を問うことの出来ない時期がありました。そのころこの百舌鳥でも「古墳の土、売ります」ということで、いくつかの古墳が姿を消していきました。生活を支える必要があったのだろうと思いますが、次から次へと百舌鳥の古墳がつぶされていき、ついに大規模な大塚山古墳も削られてなくなっていきました。その時、考古学者や市民が一致して立ち上がりました。やがてその流れはいたすけ古墳保存運動に達し大きな問題になりました。当時いたすけ古墳の堀に橋まで架けて土を取ろうとされたのですが、所有者の理解を得られ、やっと残すことができました。ありがたいことです。

戦後の本当に荒廃しきったなか、土として売られていった古墳があるなかで、いま残っています四十数基の古墳は非常に幸せな遺跡だと思います。ただ、そうしたなかで宮内庁管理の天皇陵である仁徳・履中・反正天皇陵やその陪塚は宮内庁所管地で民有地ではありませんから所管する範囲は旧状を保つことができました。しかし、周囲はあっという間に民家が建ち、その全景を近くで一望することはできなくなりました。しかし堺市は市立博物館をつくり周囲を取り込んで公園化され、また最近では多くの方々が仁徳天皇陵の清掃や周遊道路の清掃に取り組んでくださっています。

今度、堺市当局は、世界遺産登録に取り組むにあたり三天皇陵を対象とするという案もありうるかもしれませんが、こうした保存の歴史を考えれば、残されている多くの古墳を含めて百舌鳥古墳群として登録していただくよう働きかけていただきたいと思います。いま市民の皆さんの英知でこうして残されていますすべての古墳を含めて「仁徳天皇陵を中心とする百舌鳥古墳群」として総括していただきたいと思います。

いまひとつ、私の切なる願いは「仁徳天皇陵と百舌鳥古墳群」に先立ち、また跡を受け継いでつくられた「応神天皇陵」と「古市古墳群」も含めて世界遺産登録への道を進めていただけないかという希望です。もちろん地元の羽曳野、藤井寺市と共に登録への道を歩もうと堺市から呼びかけていただきたいのです。応神天皇は仁徳天皇の父ですし、一連の巨大古墳の最初の墳墓でもあります。

三市が協力して進めてくだされば、古代の多くの人々の汗と涙、国家としての大きな組織、つよい天皇の力、そういった英知を集めてでき上がったこうした古墳はまさに世界遺産登録にふさわしいものになると考えているわけであります。

いまひとつこの世界遺産登録にあたって大切なのは宮内庁の意向です。宮内庁も昨今は過去に土木事業で発見された各天皇陵の埴輪やいろいろな文物は計画的に展覧され公開されていますし、陵墓の維持管理上の発掘調査の成果も雑誌に掲載し学界を便益しておられます。決して頑なに反対というお立場ではありません。世界遺産『古都奈良の文化財』に含まれた正倉院は敷地の一画を開けて正倉院の建物がみられるように、また説明札などもたてて市民に親しまれる形での公開をされています。だれでもが土・日曜日には正倉院全体がみられるわけです。

私たちはいま仁徳天皇陵も履中天皇陵もきちんと全形がみえるようなところを陵外に造り、外から、十分皆さんが拝見できるようにし、文物は博物館で展示すればいいのではないかと思います。世界遺産は世界の人々にみていただく、日本人の古代の英知に触れて感じていただくことが大切なのであって、ツーリズムにのりすぎ、商売や見せ物になることがあってはならず、公開の方法を皆さんと共によく考えなければなりません。

皆さんから大きな支援を受けて、宮内庁の協力も得て、市民の方々の協力も得て、しっかりと世界遺産として後世へ残していきたいと思っています。何とぞ、最大限のご支援をいただきたいと考えております。どうもありがとうございます。(拍手)

西谷 ありがとうございました。では、白石先生、お願いいたします。

白石　私はいまの韓国と中国の先生方のご発言は非常に重要だと思います。私どもはとかく、この百舌鳥古墳群にしても、仁徳陵古墳にしても、日本の歴史を考えるうえにいかに重要かという観点で考えるのですが、世界遺産というとそれだけでは不十分であって、韓国・中国の先生方がこぞっておっしゃったように、やはり人類の歴史、人類の発展にとって欠かすことのできない文化遺産であるということが説明できなければならないわけです。その観点は非常に重要だということをいま先生方にご指摘いただいたのだと思います。

ただ、実際にはなかなか難しい。私は長期的には大仙陵古墳（仁徳天皇陵古墳）を含む百舌鳥古墳群が世界遺産になっていないほうが不思議なのですが、短期的にはいろいろ問題がある。王巍先生が指摘されたように、公開されていないとか、いろいろ大きな問題があります。したがって、これはよほどじっくり腰を落ち着けて長期的な視点で取り組まないといけないのではないか。

もう一つ、そのように長期的に百舌鳥古墳群の世界遺産登録を目指した運動を進めていくには、今日のシンポジウムが非常にいい例だと思うのですが、行政と市民の方が一緒になって共に百舌鳥古墳群の人類の遺産としての重要性を考える、勉強していく。またその活用についても行政と市民が一緒になって考えていく。そういう姿勢で取り組むというこ

とが絶対に必要だと思いました。（拍手）

西谷　先生方、貴重なご意見をありがとうございました。最後に上田先生に全体の総括をお願いしたいと思います。

上田　本日は秦の始皇帝から乾陵まで、時代はたいへん長い時期の歴史における巨大古墳のシンポジウムとなりました。中国・韓国の先生方にもご参加いただきまして、貴重な報告をいただいたことをアジア史学会会長として厚く御礼申し上げます。

そしてまた、いま仁徳陵を中心とする百舌鳥古墳群の世界遺産登録への方法について、あるいは方向について、中国・韓国の先生方からも貴重なご助言をいただきました。

世界遺産登録実現のためには、堺の市民の皆さんのご理解とご支援がなければなかなか実現しないと思います。行政だけでは限界がある。そして、百舌鳥古墳群だけではなく、古市古墳群の羽曳野市、藤井寺市、さらに大阪府と共に、世界遺産登録への努力をしていく必要があると思います。

先ほど水野さんから「上田（先生）が死んだら実現せんで」と言われまして、えらいことになったな（笑）、なかなか死ぬわけにいかないなと思っておりますけれども、ぜひ世界遺産登録に向かって行政と市民とわれわれ研究者が一体となって、文化庁はもちろんのこと宮内庁にもご了解をいただいて、世界遺産に立候補したいと思っております。世界遺産になったら、全部公開しなければいけないと思っておられる方もありますが、一部非公開の世界遺産も世界にはあるわけです。日本でいえば、高野山の御影堂がそうですね。空海を祀っている御影堂は非公開で世界遺産になっております。ですから、仁徳陵の全部を公開する必要はない。したがって、その方法は今後の研究によって宮内庁にもご理解いただけるような方向を見出してゆく。

現在のユネスコの事務局長は日本人です。松浦晃一郎さんで、前のフランス大使でした。私も知っている方です。ぜひ松浦さんにも堺に来ていただいて、現地をみていただく。日本の文化のシンボルのひとつであり、そしてそれは人類共通の文化遺産なのだ、人類にとって貴重な遺産だということをユネスコの関係者にもご認識いただきたいと思っております。

本日は本当に長時間ありがとうございました。（拍手）

西谷　ただいまの上田先生の総括をもちまして、本日のパネルディスカッションを終了いたしたいと思います。長時間にわたりまして、昨日、今日とご出席いただきましたパネラーの先生方、そしてご熱心に聴講していただいた会場の皆さまに心から御礼申し上げたいと思います。

二日間のお話を通じて仁徳天皇陵古墳を頂点とする百舌鳥古墳群が世界文化遺産に十分値するという認識を共有できたのではないかと思います。それが実際に登録されるまでの過程にはまだまだ長い時間もかかりましょうし、やるべきこともたくさんございますでしょうけれども、計画的あるいは長期的な展望をもって市民が中心となって進めていただければと念願しております。

本当に二日間、皆さんどうもありがとうございました。（拍手）

東《ひがし》アジアの巨大《きよだい》古《こ》墳《ふん》

2008年4月1日　第1刷発行
2008年7月5日　第3刷発行

著者——上田《うえだ》正昭《まさあき》
白石《しらいし》太《た》一郎《いちろう》
西谷《にしたに》　正《ただし》　ほか

発行者——南　　晓

発行所——大和《だいわ》書房
東京都文京区関口1 33 4
電話03-3203-4511　振替00160-9-64227

印刷——シナノ

製本——小泉製本

装丁——福田和雄

ISBN978-4-479-84069-5

http://www.daiwashobo.co.jp